KB021668

민주주의에
관한
공화주의적
왜곡

민주주의에 관한 공화주의적 왜곡

초판 인쇄   2021년 8월 20일
초판 발행   2021년 8월 25일

지 은 이   김현철
펴 낸 이   김재광
펴 낸 곳   솔과학
등   록   제10-140호 1997년 2월 22일
주   소   서울특별시 마포구 독막로 295번지 302호(염리동 삼부골든타워)
전   화   02-714-8655
팩   스   02-711-4656
E-mail   solkwahak@hanmail.net

I S B N   979-11-87124-92-4 (03340)

값 20,000원

민주주의에 관한 공화주의적 왜곡

대의제는 민주주의가 아니다

김현철

솔과학

'등에'가 깨운 민주주의에 관한 자각

이준형 교수(한양대 법학전문대학원)

3년 6개월 만이다. 필자는 '피지배자에게 전하는 민주주의 지침'이라는 부제를 달아 『지배당한 민주주의』를 발간한 지 딱 42개월 만에, 이번에는 '대의제는 민주주의가 아니다'라는 주장을 담아서 『민주주의에 관한 공화주의적 왜곡』이란 새 책을 펴냈다.

이른바 '압축변화'를 겪는 다이나믹 코리아에서 42개월은 그렇게 짧은 시간이라고 할 수 없다. 3년 6개월 전, 즉 2018년 1월 벽두에 정치권의 화두는 '개헌'이었는데, 2016년 촛불 집회와 2017년 정권 교체의 잔열이 그대로 남아있었던 때였다. 그리고 2020년의 시작과 함께 밀려온 코로나 팬더믹의 와중에 치러졌던 4·15 제21대 국회의원 선거에서 더불어민주당과 더불어시민당은 180석이라는 압승을 거두었다. 이것은 87년 체제 이후 단일정당으로 가장 많은 의석수를 거둔 것이기도 하였다. 이러한 압승에도 불구하고 민주당은 검찰개혁을 둘러싼 법무부와 검찰 사이의 소모적 공방만을 지루하게 이을 뿐, 개헌은 물론 실질적 민주주의에 관한 가시적, 제도적 진전을 눈곱만큼도 이루지 못했다. 한편 정의당은 기대를 걸었던 연동형 비례대표제에도 불구하고 위성정당이라는 양당 구도의 기형적 체제를 극복하지 못하고, 여전히 무기력한 소수정당의 한계를 그대로 보였다. 그리고 이제 2022년 3월 9일 제20대 대통령선거까지 불과 몇 개월 남게 되었고, 이른바 대권주자라는 이들이 분주하게 움직이며 매일같이 뉴스의 정치면을 장식하고 있다.

이러한 시점에서 필자는 세상을 향하여 무언가를 말하고자 한다. 그는 무엇을 말하려고 하는 것일까? 지금 시점에서 다시 꺼내 읽어 본 이전 저작은 확실히 원론적 색채가 강했다. 진보적 민주주의자로서 필자는 자신의 논지를 전개하기 위하여 정치학 이론 등 전문 지식을 동원하는데, 논지의 전개와 전문 지식의 동원 모두 상당히 추상적이고 원론적 차원이었다. 이에 반하여 이번 저작은 지난 3년 6개월 사이에 이루어졌던, 다시 말해서 최근 우리가 겪었던 변화, 무엇보다도 국내에서는 현 정권의 데드크로스, 국외에서는 미국의 대통령 선거 등에 보다 깊이 천착하여, '바람의 변화(wind of change)'가 어디에서 어디로 흘러가는지 보다 신경을 곤두세워 분석하였다.

이렇게 전작에 비하여 대상은 구체화되고 분석은 정치화되었지만, 논지의 큰 흐름은 연결되고 또한 더 확대되었다. 마치 전작의 이미지가 깊은 산속에 있는 작지만 기운차게 솟아오른 샘물이었다면, 이번 저작의 그것은 마을로 내려와서 다른 냇물과도 합쳐져서 넓어지고 깊어진 강물과도 같았다. 특히 이 책에서 필자의 시선은 2022년 3월 9일 제20대 대통령선거일에 맞춰져 있다. 그래서 과거 미국과 한국의 대통령선거에서 나타났던 패턴, 가령 양당 체제에서 2기마다 정부가 교체되는 패턴을 분석하면서 우리가 민주주의의 진전을 위하여 지금 무엇을 준비해야 하는지를 독자와 함께 고민하고자 한다.

이번 책에서 필자의 가장 주된 고민의 대상은 대의제와 공화주의이다. '공화주의'란 말은 '민주주의'란 말만큼이나 다양한 의미로 사용되지만, 여기에서는 고전적 공화주의, 다시 말해서 군주에 의한 전제적 지배를 폐지하고 통치자를 선거로 선출하는 정체를 뜻하는 의미로 사용한다. 사실 전제적 군주제 하에서 공화주의와 민주주의는 형제와 같은 관계였다. 그 후 전제적 군주제가 종식되고 선거로 선출된 자가 과거의 군주를 대신하여 국가를 통치하는 방식, 즉 대의제가 일반화되었다. 그리고 이러한 대의제가 간접민주주의로 불리면서 민주주의적 제도의 전부인 것 마냥 대체되고 있는데, 사실은 공화주의의 제도적 표현이라는 것이 필자의 지적이다. 제2부 말미에서 나오는 다음의 문장은 필자가 지금 시점에서 왜 이 책을 쓰게 되었는지를 잘 보여준다.

"대의제를 폐지하자는 것이 아니다. 단지 군주제의 어두운 장막 속에서 태어난 공화주의가 가지고 있었던 민주주의적 한계가 이제 그 임계점에 이르렀다는 점을 강조하는 것이다. 간접민주주의라는 것은 존재하지 않으며, 대의제는 단지 공화주의일 뿐이다. 이제 진짜 민주주의를 실현함으로써 공화주의의 한계를 메꾸어야만 한다."

제3부에서는 지배엘리트들 사이에 경쟁을 촉진해야 한다는 전작의 문제의식을 계승하면서도 현재 법률가이자 과거 공학도였던 필자의 경력이 빛을 발하는 부분이다. 직접민주주의 실현을 위한 법제도와 이를 현실화하기 위한 새로운 테크놀로지로서의 블록체인에 관한 주장은 필자의 고민이 얼마나 진지한지를 잘 보여준다. 뿐만 아니라 우리 사회에 현실적으로 존재하는 '전체주의적 대중'의 문제점을 어떻게 극복할 것인지, 또 민주주의자로서 보수주의와 신자유주의의 문제는 어떻게 해결할지는 전작에는 없거나 간단히 다루었던 문제였는데, 이번 저작의 제4부와 제5부에서 자세히 논하고 있다.

필자인 김현철 변호사는 전작에 이어 이번 저작에서도 마치 아테네 시민에게 소크라테스가 그랬듯이, 권력으로부터 소외되어 있는 우리 사회의 대중을 깨우기 위해 '말에 붙어서 피를 빠는 등에'와 같은 역할을 자처하는 듯하다. 건강하고 엄청난 힘을 가졌지만 자신의 능력을 자각하지 못하고 현실에 안주하려는 '말'을 일깨우기를 멈추지 않겠다는 선언이다. 그의 자극은 지난번보다 더 직접적이고 간절하다. 부디 그의 노력이 결실을 거두었으면 하는 바람이다. 물론 '현실의 등에'가 그러하듯이 결실이 있든 없든 상관없이 그의 자극은 지금처럼 앞으로도 계속되겠지만.

민주주의의 동반자로서의 블록체인

강은성 교수(이화여자대학교 사이버보안전공)

김현철 변호사는 컴퓨터공학과 출신이다. 비트코인 채굴, 국내 ICO(Intial Coin Offering) 광풍, 그리고 2021년 상반기를 떠들썩하게 한 암호화폐 투자에 가려져 있던 블록체인에서 김현철 변호사는 직접민주주의의 희망을 찾아낸다. 선거의 4대 원칙을 해결할 수 있는 온라인 기술은 아직 나타나지 않았다. 법·제도·투표 문화의 변화도 필요하다. 하지만 직접민주주의를 효율적이고 효과적으로 뒷받침할 수 있는 기술 가장 가까이에 블록체인이 있다는 점은 분명해 보인다. 계속 진화하고 있는 블록체인 기술이 민주주의의 든든한 동반자가 되길 기대해 본다.

생쥐들의 민주주의는 실현되었는가?

김경래 기자(뉴스타파, (前)김경래의 시사최강 진행자)

오래 전 생쥐 나라의 왕은 고양이였다. 왕의 횡포를 이기지 못한 생쥐들은 혁명을 일으켰고, 마침내 왕을 몰아냈다. 그러고 나서 생쥐들 중에서 스스로 똑똑하다고 주장하는 생쥐를 대통령으로 선출했다. 이제 민주주의가 실현되었다고 생각했는데, 대통령이 된 생쥐와 그 주변에 있는 생쥐들이 예전의 왕이었던 고양이처럼 행동하기 시작했다. 생쥐들의 민주주의는 실현되었는가? 가끔씩 엘리트 생쥐 한 마리를 선택하고 종결되는 '쥐꼬리만 한 주권'으로 생쥐들은 박근혜도 뽑았고, 트럼프도 뽑았다. 이재명과 윤석열 사이의 선택은 생각만큼 중요하지 않다. 그럼 무엇이 중요한가? 이 책은 그 고민과 해결책을 가감 없이 제시한다. 흔히 민주주의로 착각하는 대의제와 엘리트 과두제에 대한 효과 높은 백신이라 할만하다.

보수는 다시 집권할 수 있을까?

양당체제·대통령제의 선거의 법칙

1장

실패한 우파는 어떻게 승리했을까?

문재인의 2020년 데드크로스와 보수 집권의 가능성

2014년 4월 16일 인천에서 제주로 향하던 여객선 '세월호'가 진도 인근 해상에서 침몰하면서 탑승객 476명 가운데 295명이 사망하고 9명의 생사가 확인되지 않은 사건이 발발했다. 일명 '세월호 참사'사건이다. 세월호 참사에 대한 무능력한 대응으로 박근혜 정부의 리더십에 균열이 시작되던 와중에, 최순실에 의한 국정농단 사건이 불거지면서 박근혜 대통령은 탄핵을 당하기에 이르렀다. 국정농단 사건은 삼성그룹 이재용으로부터의 뇌물사건, 미르 K재단 출연금 강요사건, 문화계 블랙리스트, 국정원 특활비 상납 사건, 양승태 코트와의 사법농단 등 전대미문의 부패 사건으로 얽혀 있었다. 당시 여당이었던 새누리당은 탄핵 반대파와 찬성파로 나뉘었고, 탄핵 이후에 치러진 대통령 선거에서도 홍준표(자유한국당)와 유승민(바른정당)으로 각자의 후보를 내기에 이르렀다.

박근혜 탄핵 이후에 치러진 전국 단위 선거, 즉 2017년 5월 9일 제19대 대통령 선거, 2018년 6월 13일 제7회 전국동시지방선거, 2020년 4월 15일 21대 국회의원 총선거에서 모두 민주당이 압도적인 승리를 거두었다. 박근혜 탄핵 후에 새누리당은 2017년 2월에 자유한국당으로 당명을 바꾸었다가 총선을 앞둔 2020년 2월에 미래통합당으로 바꾸었고, 총선 패배 후인 2020년 9월에는 국민의힘으로 다시 변경하였다. 이때까지만 해도 더 이상 보수당의 승리는 없을 것만 같은 지경이었다.

그런데 2020년 8월 민주당 정부가 조국 법무부 장관의 입각을 밀어붙이면서 문재인 대통령의 데드크로스가 시작되었고, 한 번 시작된 데드크로스는 반등되지 않았다. 당시 자유한국당의 대표 황교안은 '원외'라는 태생적 한계 탓에 어쩔 수 없이 장외투쟁을 하고 있었는데, 그동안 명분이 없다는 쓴 소리를 듣던 중에 행운을 잡았다. 장외투쟁을 비난하던 오세훈은 태도가 바뀌어 2020년 8월 24일 '文정권 규탄 광화문 집회'에서, 눈도장 찍으려는 결혼식장 하객처럼 황교안 뒤에서 사진을 찍었다. 한편 그 동안 자유한국당이 변한 게 없다며 거리를 두어왔던 원희룡 제주도지사도, 2020년 8월 27일 서울 중구 프레스센터에서 열린 '대한민국 위기극복 대토론회'에서는 "살림을 합치고 깃발을 합쳐야" 하며, "黃대표가 통합을 주도해야" 한다고 했다. 그 사이 자유한국당은 달라진 게 없는데, 도대체 무엇이 달라진 것일까? 언제나 그렇듯이 양당체제에서의 집권가능성은 자당의 변화가 아니라 상대당의 실패로부터 비롯된다. 바야흐로 보수는 탄핵국면 이후 처음으로, 현실적인 집권의 희망을 가지게 되었다. 그렇다면 보수는 다시 집권할 수 있을까?

토마스 프랭크의 「실패한 우파가 어떻게 승자가 되었나?」

2007년에 서브프라임 모기지 사태(Subprime mortgage crisis)로 미국의 초대형 모기지론 대부업체들이 파산하면서 금융시장의 위기가 발생했고, 급기야 2008년 이후에는 미국만의 위기가 아닌 세계적인 금융위기로 이어졌다. 이를 수습하는 과정에서 공화당 정부의 구제기금 대부분은 대기업에게 지급되었고, 막상 영세업자와 저소득층 근로자들은 파산함으로써 모기지 사태로 인한 경제적 위험이 실질적으로 민간에게 전가되었다. 그런 상황에서 2008년 11월 4일 버락 오바마(Barack Obama) 민주당후보가 제44대 대통령으로 당선되었고, 같은 날 실시된 하원 선거에서 민주당이 다수당을 차지했다. 2009년 4월 미국의 저명한 정치평론가 스튜 로젠버그(Stu Rothenberg)는 다음 해에 있을 중간선거의 결과를 전망하면서, 다음과 같이 논평했다.

"공화당이 2010년에 있을 양원 중간선거에서 승리할 확률은 제로다. '제로에 가까운' 것이 아니다. 제로에서 '눈곱만큼이라도 벗어나는' 일은 없을 것이다. 틀림없이 제로다."

(http://rothenbergpoliticalreport.com/news/article/april-madness-can-gop-win-back-the-in-2010)

위 로젠버그의 진술에 대해, 「왜 가난한 사람들은 부자를 위해 투표하는가?」의 필자이기도 한 토마스 프랭크(Thomas Frank)는 그의 저서 「실패한 우파가 어떻게 승자가 되었나?」에서 이렇게 말했다.

"로젠버그의 예상에 완전히 동조하던 사람은 없었다. 하지만 적어도 당시 거의 대부분 사람들이 공화당의 지배는 끝났다고 믿은 것은 사실이다"라고 말했다(234).

그런데 로젠버그와 프랭크의 예상을 완전히 뒤엎고 2010년 11월 2일에 실시된 미국 하원선거에서 민주당은 종전보다 63석을 잃고, 공화당은 63석을 더 얻은 242석이 되어 압승을 거두고 다수당이 되었다. 2008년 미국의 금융위기는 1929년 대공황에 버금가는 것으로, 공화당의 부패와 무능에 따른 것이었다. 신자유주의라는 이름이 붙여진 자유방임주의와 시장만능주의로 인하여 2008년의 파국이 초래되었는데, 이러한 위기를 몰고 온 우파 공화당이 2010년에 다시 화려하게 복귀하였다. 토마스 프랭크는 「실패한 우파가 어떻게 승자가 되었나?」에서 미국 우파의 신자유주의가 가져올 디스토피아를 이렇게 경고했다.

여기서 진행되는 일은 단지 단순성으로의 퇴행이 아니다. 단순한 해답을 찾는다면, 오늘날에는 너무나 쉽게 찾을 수 있다. 우리 지도자들은 이제까지 30여 년 동안 자유시장의 꿈을 좇아왔으며, 그런 추종의 한 발자국을 내디딜 때마다 불평등이 심해지고, 더 많은 금융 버블이 생겨났다가 터졌으며, 더 많은 정치 부패가 퍼져나가고, 경기변동은 더 심하게 널을 뛰었다(200).

실패한 우파가 어떻게 승자가 된 것일까? 도대체 왜? 토마스 프랭크는 절대 일어설 수 없을 것만 같았던 보수 세력이 그토록 맹렬히 복귀한 것에 대해 다음과 같이 분석했다. 공화당이 미국인들에게 보편적으로 잠재되어 있는 적색 공포를 또다시 자극하여 버락 오바마를 빨갱이로 매도했고, 자신들이 가진 특권은 감추고 상대방의 능력은 특권이라고 오도했으며(3장), 좌파를 비난하면서 좌파의 수법을 흉내 냈고(7장), 이상주의적 포퓰리즘 노선으로 자본주의 유토피아에 대한 환상을 유포하고(9장), 독립전쟁 때의 역사나 대공황 시대의 기억을 편의적으로 왜곡해서 이용했으며(2장), 삼류 언론과 대중문화를 최대한 활용했다고 평가했다.

공화당에 대한 프랭크의 비판에 이의가 없으며, 모두 공감한다. 그런데 미국 우파의 전술은 언제나 동일한데, 언제는 실패하고 언제는 성공하는 것일까? 토마스 프랭크는 지금까지 치러졌던 미국의 선거에 존재하는 일정한 통계적 패턴을 모르고 있다. 미국의 하원 선거는 2년마다 실시되는데, 대통령 선거와 함께 치르는 선거와 대통령 임기 중간의 선거로 나뉜다. 이 중간 선거(midterm election)를 'off-year election'이라고도 하는데, 'off-year'는 '열매가 열리지 않는'이라는 뜻으로, '대통령을 뽑지 않는다'는 의미다. 그런데 1900년대 들어서 100년이 넘는 기간 동안의 중간선거에서 집권당이 승리한 경우는 ▷대공황 당시였던 1934년 프랭클린 루스벨트 행정부 ▷경제호황을 구가했던 1998년 빌 클린턴 행정부 ▷9·11 테러 직후였던 2002년 조지 W 부시 행정부, 단 3차례에 불과했다. 반면 대통령 선거와 함께 치르는 하원선거에서는 대부분의 경우 '대통령의 당'이 승리했는데, 이것을 '코트-테일 이펙트'(coat-tail effect, 옷자락 효과)라고 부른다. 대통령의 인기에 편승해 그의 코트 끝자락을 붙잡고 소속 정당 의원 후보들이 의회에 입성하는 모습을 빗댄 것이다. 만약 이러한 역사적 패턴을 알았다면, 로젠버그나 프랭크가 2010년의 미국 중간선거에서의 공화당의 패배를 쉽게 단언할 수 없었을 것이다.

이어지는 장에서는 미국 선거에서 나타나는 일정한 통계적 패턴을 분석하고, 그런 전제에서 우리의 선거에서도 이러한 통계적 패턴이 존재하는지를 살피고자 한다. 그리고 왜 이러한 패턴이 나타나는지, 이러한 패턴이 민주주의를 어떻게 왜곡시키는지, 그리고 이러한 정치적 왜곡현상을 어떻게 바꾸어야 하는지에 대해 논하려고 한다.

2장

미국 대통령 선거에서 나타나는 통계적 패턴

미국의 양당체제는 어떻게 만들어졌을까?

미국에서 양당체제가 확립된 과정은 이러하다. 건국 초기에는 강력한 중앙정부를 추구하는 존 애덤스(John Adams, 2대 대통령)의 연방주의자당과 각 주의 자치권과 자유를 중시한 토마스 제퍼슨(Thomas Jefferson, 3대 대통령)의 민주공화당이 대결했었다. 그러다가 존 애덤스 이래로 대통령을 배출하지 못한 연방주의자당이 소멸하고, 다시 민주공화당 내에서 앤드루 잭슨(Andrew Jackson, 7대 대통령)이 민주당을 창당하고, 존 퀸시 애덤스(John Quincy Adams, 6대 대통령)가 국민공화당을 창당함으로써 토마스 제퍼슨의 민주공화당은 24년 만에 해체되었다. 이후 국민공화당은 휘그당으로 개명을 하였는데, 재커리 테일러(Zachary Taylor, 12대 대통령) 이후 대통령들이 당적과는 상관없이 남부의 눈치를 보면서 노예제를 옹호하자, 이에 반발한 휘그당 개혁파들이 공화당을 창설하고 대통령 후보로 에이브러햄 링컨(Abraham Lincoln)을 내세웠다. 이로써 남은 휘그당은 소멸하여 1850년대 이후로 민주당과 공화당의 양당구조가 확립되었다.

프랭클린 루스벨트(Franklin D. Roosevelt)는 미국 역사상 유일하게 3선 이상을 재임한 대통령으로, 그는 '세계 경제대공황'과 '제2차 세계대전'이라는 크나큰 위기 상황 속에서 지도력을 발휘해 4선(1932년, 1936년, 1940년, 1944년 대선에 잇따라 당선됨으로써 1933년 3월 4일부터 1945년 4월 12일까지 재임)에 성공했다. 그러나 이는 초대대통령 조지 워싱턴 이래 미국 대통령이 1회만 중임해 온 불문율을 깨뜨린 것이었기 때문에, 그의 사망 뒤 대통령의 3선 금지가 법적으로 성문화되었다.

[표] 미국 역대 대통령의 정당과 재임기간

순번	대통령	소속정당	재임기간		비고
1	조지 워싱턴 George Washington	없음	1789~1797	8년	
2	존 애덤스 John Adams	연방 주의자당	1797~1801	4년	
3	토머스 제퍼슨 Thomas Jefferson	민주공화당	1801~1809	8년	
4	제임스 매디슨 James Madison	민주공화당	1809~1817	8년	
5	제임스 먼로 James Monro	민주공화당	1817~1825	8년	
6	존 퀸시 애덤스 John Quincy Adams	민주공화당	1825~1829	4년	

7	엔드루 잭슨 Andrew Jackson	민주당	1829~1837	8년	
8	마틴 밴뷰런 Martin Van Buren	민주당	1837~1841	4년	
9	윌리엄 해리슨 William Henry Harrison	휘그당	1841~1841	4년	부통령 John Tyler
10	존 타일러 John Tyler	민주당	1841~1845		해리슨 사망으로 계승
11	제임스 포크 James Knox Polk	민주당	1845~1849	4년	
12	재커리 테일러 Zachary Taylor	휘그당	1849~1850	4년	부통령 Millard Fillmore
13	밀러드 필모어 Millard Fillmore		1850~1853		테일러 사망으로 계승
14	프랭클린 퍼어스 Franklin Pierce	민주당	1853~1857	4년	
15	제임스 뷰캐넌 James Buchanan	민주당	1857~1861	4년	
16	에이브러햄 링컨 Abraham Lincoln	공화당	1861~1865	4년	부통령 Andrew Johnson
17	앤드루 존슨 Andrew Johnson	공화당	1865~1869	4년	링컨 사망으로 계승
18	율리시스 그랜트 Ulysses S. Grant	공화당	1869~1877	8년	
19	러더퍼드 헤이즈 Rutherford B. Hayes	공화당	1877~1881	4년	
20	제임스 가필드 James A. Garfield	공화당	1881~1881	4년	부통령 Chester A. Arthur
21	체스터 아서 Chester A. Arthur		1881~1885		가필드 사망으로 계승
22	그로버 클리블랜드 Grover Cleveland	민주당	1885~1889	4년	

23	밴저민 해리슨 Benjamin Harris	공화당	1889~1893	4년	
24	그로버 클리블랜드 Grover Cleveland	민주당	1893~1897	4년	
25	윌리엄 매킨리 William McKinley	공화당	1897~1901	4년	부통령 Theodore Roo- sevelt
26	시어도어 루스벨트 Theodore Roosevelt	공화당	1901~1909	8년	매킨리 사망으로 계승
27	윌리엄 하워드 태프트 William Howard Taft	공화당	1909~1913	4년	
28	우드로 윌슨 Woodrow Wilson	민주당	1913~1921	8년	
29	워런 하딩 Warren G. Harding	공화당	1921~1923	2년	
30	캘빈 쿨리지 Calvin Coolidge	공화당	1923~1929	6년	
31	허버트 후버 Herbert C. Hoover	공화당	1929~1933	4년	
32	프랭클린 루스벨트 Franklin D. Roosevelt	민주당	1933~1945	12년	
33	해리 트루먼 Harry S. Truman	민주당	1945~1953	8년	
34	드와이트 아이젠하워 Dwight D. Eisenhower	공화당	1953~1961	8년	
35	존 케네디 John F. Kennedy		1961~1963		
36	린든 존슨 Lyndon B. Johnson	민주당	1963~1969	8년	케네디 사망으 로 부통령 린든 존슨이 계 승하고 린든 존 슨이 재선 성공

37	리처드 닉슨 Richard Milhous Nixon	공화당 공화당	1969~1974	8년	워터게이트 사건으로 닉슨이 사임하여, 부통령 제럴드 포드가 계승
38	제럴드 포드 Gerald R. Ford		1974~1977		
39	지미 카터 Jimmy Carter	민주당	1977~1980	4년	
40	로널드 레이건 Ronald Reagan	공화당	1981~1988	8년	
41	조지 부시 George Bush	공화당	1989~1992	4년	
42	빌 클린턴 William J. Clinton	민주당	1993~2000	8년	
43	조지 부시 2세 George W. Bush Jr.	공화당	2001~2008	8년	
44	버락 오바마 Barack Hussein Oba	민주당	2009~2016	8년	
45	도널드 트럼프 Donald John Trump	공화당	2017~2020	4년	
46	조 바이든 Joe Biden	민주당	2021~현재	미정	

모든 선거마다 그 시기의 특수한 정치적, 외교적 상황이 있었을 테고, 그에 따라 각 당에 미치는 선거에서의 유불리가 있었을 것이다. 이러한 미시적인 요인이 선거의 승패에 영향을 미친다는 사실을 결코 부인하지 않는다. 다만 그것과 별도로 거시적이고 통시대적인 흐름에서 관찰되는 일정한 통계적 패턴이 있다는 사실을 주목할 필요가 있다. 위 [표]를 보면 33대 대통령 해리 트루만(Harry S. Truman) 이래로 70여 년

동안 민주당과 공화당이 대체적으로 8년, 즉 2기(期)의 간격으로 지배권을 교환해 왔다는 사실을 확인할 수 있다.

무엇이 공화당–민주당의 지배권을 교체하는가?

예비선거 제도가 발달해 있고, 유권자들 중 상당수가 공화당 또는 민주당에 대한 적극 지지자인 상황에서, 어떤 경로로 지배권이 교체되는 것일까? 공화당 지지자 또는 민주당 지지자가 그때그때 선거시기마다 정치성향이 바뀌어 종전의 지지를 철회하고 다른 쪽에 투표하는 것일까?

미국 선거인단(Electoral College)은 4년마다 미국의 대통령과 미국의 부

통령을 뽑는 공식적인 기구로, 미국의 주와 워싱턴 DC는 인구비례로 선거인단을 뽑고, 준주(territory), 해외 영토에서는 선거인단을 뽑지 않는다. 2020년 기준으로 미국 대선 선거인단 수는 538명인데, 이는 미국 하원(435명)과 미국 상원(100명) 숫자를 합한 535명에 워싱턴 DC 선거인단 3명을 합한 것이다. 미국 헌법 제2조 제1항 제2절은 선거인단 숫자와 선출 방식을 규정하고 있다. 선거인단 숫자가 가장 많은 상위 6개 주는 캘리포니아(55명), 텍사스(38명), 뉴욕(29명), 플로리다(29명), 일리노이(20명), 펜실베이니아(20명)이고, 알래스카, 델라웨어, 몬태나, 노스다코타, 사우스다코타. 버몬트, 와이오밍의 선거인단 숫자는 3명에 불과하다. 각 주의 하원의원 숫자는 인구조사 결과에 따라 10년마다 바뀌기 때문에 그때마다 각 주의 선거인단 숫자도 바뀌게 된다.

미국의 각 주는 연방으로 묶여 있으면서도 독립성을 가지기 때문에, 각 주에서 다수표를 얻은 당의 후보가 그 주의 선거인단 전부를 가지게 된다(승자독식주의). 이러한 미국 선거의 특수성 때문에 민주당이 우세한 지역을 블루 스테이트(BS), 공화당이 우세한 지역을 레드 스테이트(RS), 그리고 번갈아 교차되는 지역을 스윙 스테이트(SS) 또는 퍼플 스테이트라고 부른다. 그런데 이렇게 특정한 주가 일정한 정치적 성향을 보인 것은 1992년 이후부터이다. 그 전까지 만해도 당선된 정당 후보가 미국 전역에서 승리했다. 아래 지도는 1988년 조지 부시, 1984년 로널드 레이건, 1964년 민주당의 린든 존슨이 당선되었던 당시의 각 주별 득표를 표시한 것이다. 다만 주지사 선거에서는 오래 전부터 특정 스테이트의 고정적인 정치 성향이 존재했다. 예를 들어 조지아는 남북전쟁으로 인한 반(反) 북부 정서로 민주당의 텃밭이었다. 1868년~1872년을 빼고 150년간 조지아 주지사는 민주당이 독점했고, 지미카터(Jimmy Carter) 역시 조지아 주지사 출신이며, 빌 클린턴(Bill Clinton)도조지아 주지사 출신이다.

1988년 미국 대통령 선거

주별 선거인단 선거 결과

1984년 미국 대통령 선거

주별 선거인단 선거 결과

1964년 미국 대통령 선거

주별 선거인단 선거 결과

1992년 미국 대통령 선거

← 1988년   1992년 11월 3일   1996년 →

대통령 선거인단 538명
당선을 위해 선거인단 270명 필요

후보	빌 클린턴	조시 H. W. 부시	로스 페로
정당	민주당	공화당	무소속
기반주	아칸소주	텍사스주	텍사스주
부통령후보	앨 고어	댄퀘일	제임스 스톡데일
선거인단	370	168	–
승리한 주	32 + DC	18	–
득표수	44,909,889	39,104,545	19,742,267
득표율	43.9%	37.4%	18.9%

각 주별 선거인단 획득 후보 표시 지도

선거전 대통령	대통령 당선자
조시 H. W. 부시	빌 클린턴
공화당	민주당

1988년까지는 미국 전지역에서 당선자가 승리했는데 반해, 민주당의 클린턴(William J. Clinton)이 당선되었던 1992년부터는 각 주가 '블루, 레드 또는 퍼플'이라는 일정한 패턴을 보이기 시작했다. 1992년부터 바이든(Joe Biden)이 당선된 2020년까지 약 30년간의 미국 대통령 선거의 결과를 아래 [표]로 정리하였다.

[표] 1992년부터 2020년까지 미국 역대 대통령선거 결과 (회색은 스윙 스테이트)

순번	주(州)	2020년	2016년	2012년	2008년	2004년	2000년	1996년	1992년
	당선	민주당 바이든(306)	공화당 트럼프(304)	민주당 오바마(332)	민주당 오바마(365)	공화당 부시(286)	공화당 부시(271)	민주당 클린턴(379)	민주당 클린턴(370)
	낙선	공화당 트럼프(232)	민주당 클린턴(227)	공화당 롬니(206)	공화당 매케인(173)	민주당 케리(251)	민주당 고어(266)	공화당 밥돌(159)	공화당 부시(168)
1	알래스카(AK)	공화당(3)	공화당(3)	공화당(3)	공화당(3)	공화당(3)	공화당(3)	공화당(3)	공화당(3)
2	워싱턴(WA)	민주당(12)	민주당(12)	민주당(12)	민주당(11)	민주당(11)	민주당(11)	민주당(11)	민주당(11)
3	오리건(OR)	민주당(7)	민주당(7)	민주당(7)	민주당(7)	민주당(7)	민주당(7)	민주당(7)	민주당(7)
4	네바다(NV)	민주당(6)	민주당(6)	민주당(6)	민주당(5)	공화당(5)	공화당(4)	민주당(4)	민주당(4)
5	캘리포니아 (CA)	민주당(55)	민주당(55)	민주당(55)	민주당(55)	민주당(55)	민주당(54)	민주당(54)	민주당(54)
6	아이다호(ID)	공화당(4)	공화당(4)	공화당(4)	공화당(4)	공화당(4)	공화당(4)	공화당(4)	공화당(4)
7	유타(UT)	공화당(6)	공화당(6)	공화당(6)	공화당(5)	공화당(5)	공화당(5)	공화당(5)	공화당(5)
8	아리조나(AZ)	민주당(11)	공화당(11)	공화당(11)	공화당(10)	공화당(10)	공화당(8)	민주당(8)	공화당(8)
9	몬태나(MT)	공화당(3)	공화당(3)	공화당(3)	공화당(3)	공화당(3)	공화당(3)	공화당(3)	민주당(3)
10	와이오밍(WY)	공화당(3)	공화당(3)	공화당(3)	공화당(3)	공화당(3)	공화당(3)	공화당(3)	공화당(3)
11	콜로라도(CO)	민주당(9)	민주당(9)	민주당(9)	민주당(9)	공화당(9)	공화당(8)	공화당(8)	민주당(8)
12	뉴멕시코(NM)	민주당(5)	민주당(5)	민주당(5)	민주당(5)	공화당(5)	민주당(5)	민주당(5)	민주당(5)
13	노스다코타(ND)	공화당(3)	공화당(3)	공화당(3)	공화당(3)	공화당(3)	공화당(3)	공화당(3)	공화당(3)
14	사우스다코타 (SD)	공화당(3)	공화당(3)	공화당(3)	공화당(3)	공화당(3)	공화당(3)	공화당(3)	공화당(3)
15	네브래스카(NE)	공화당(4) 민주당(1)	공화당(5)	공화당(5)	공화당(4) 민주당(1)	공화당(5)	공화당(5)	공화당(5)	공화당(5)
16	캔자스(KS)	공화당(6)	공화당(6)	공화당(6)	공화당(6)	공화당(6)	공화당(6)	공화당(6)	공화당(6)
17	오클라호마(OK)	공화당(7)	공화당(7)	공화당(7)	공화당(7)	공화당(7)	공화당(8)	공화당(8)	공화당(8)
18	텍사스(TX)	공화당(38)	공화당(38)	공화당(38)	공화당(34)	공화당(34)	공화당(32)	공화당(32)	공화당(32)

19	미네소타(MN)	민주당(10)	민주당(10)	민주당(10)	민주당(10)	민주당(10)	민주당(10)	민주당(10)	민주당(10)
20	아이오와(IA)	공화당(6)	공화당(6)	민주당(6)	민주당(7)	공화당(7)	민주당(7)	민주당(7)	민주당(7)
21	미주리(MO)	공화당(10)	공화당(10)	공화당(10)	공화당(11)	공화당(11)	공화당(11)	민주당(11)	민주당(11)
22	아칸소(AR)	공화당(6)	공화당(6)	공화당(6)	공화당(6)	공화당(6)	공화당(6)	민주당(6)	민주당(6)
23	루이지애나(LA)	공화당(8)	공화당(8)	공화당(8)	공화당(9)	공화당(9)	공화당(9)	민주당(9)	민주당(9)
24	위스콘신(WI)	민주당(10)	공화당(10)	민주당(10)	민주당(10)	민주당(10)	민주당(11)	민주당(11)	민주당(11)
25	일리노이(IL)	민주당(20)	민주당(20)	민주당(20)	민주당(21)	민주당(21)	민주당(22)	민주당(22)	민주당(22)
26	미시간(MI)	민주당(16)	공화당(16)	민주당(16)	민주당(17)	민주당(17)	민주당(18)	민주당(18)	민주당(18)
27	인디애나(IN)	공화당(11)	공화당(11)	공화당(11)	민주당(11)	공화당(11)	공화당(12)	공화당(12)	
28	오하이오(OH)	공화당(18)	공화당(18)	민주당(18)	민주당(20)	공화당(20)	공화당(21)	민주당(21)	민주당(21)
29	켄터키(KY)	공화당(8)	공화당(8)	공화당(8)	공화당(8)	공화당(8)	공화당(8)	민주당(8)	민주당(8)
30	테네시(TN)	공화당(11)	공화당(11)	공화당(11)	공화당(11)	공화당(11)	공화당(11)	민주당(11)	민주당(11)
31	미시시피(MS)	공화당(6)	공화당(6)	공화당(6)	공화당(6)	공화당(6)	공화당(7)	공화당(7)	공화당(7)
32	앨라배마(AL)	공화당(9)	공화당(9)	공화당(9)	공화당(9)	공화당(9)	공화당(9)	공화당(9)	공화당(9)
33	메인(ME)	민주당(3) 공화당(1)	민주당(3) 공화당(1)	민주당(4)	민주당(4)	민주당(4)	민주당(4)	민주당(4)	민주당(4)
34	뉴햄프셔(NH)	민주당(4)	민주당(4)	민주당(4)	민주당(4)	민주당(4)	공화당(4)	민주당(4)	민주당(4)
35	버몬트(VT)	민주당(3)	민주당(3)	민주당(3)	민주당(3)	민주당(3)	민주당(3)	민주당(3)	민주당(3)
36	매사추세츠(MA)	민주당(11)	민주당(11)	민주당(11)	민주당(12)	민주당(12)	민주당(12)	민주당(12)	민주당(12)
37	로드아일랜드(RI)	민주당(4)	민주당(4)	민주당(4)	민주당(4)	민주당(4)	민주당(4)	민주당(4)	민주당(4)
38	코네티컷(CT)	민주당(7)	민주당(7)	민주당(7)	민주당(7)	민주당(7)	민주당(8)	민주당(8)	민주당(8)
39	뉴욕(NY)	민주당(29)	민주당(29)	민주당(29)	민주당(31)	민주당(31)	민주당(33)	민주당(33)	민주당(33)
40	뉴저지(NJ)	민주당(14)	민주당(14)	민주당(14)	민주당(15)	민주당(15)	민주당(15)	민주당(15)	민주당(15)
41	펜실베이니아 (PA)	민주당(20)	공화당(20)	민주당(20)	민주당(21)	민주당(21)	민주당(23)	민주당(23)	민주당(23)
42	델라웨어(DE)	민주당(3)	민주당(3)	민주당(3)	민주당(3)	민주당(3)	민주당(3)	민주당(3)	민주당(3)
43	메릴랜드(MD)	민주당(10)	민주당(13)	민주당(13)	민주당(13)	민주당(13)	민주당(12)	민주당(13)	민주당(13)
44	웨스트버지니아 (WV)	공화당(5)	공화당(5)	공화당(5)	공화당(5)	공화당(5)	공화당(5)	민주당(5)	민주당(5)
45	버지니아(VA)	민주당(13)	민주당(13)	민주당(13)	민주당(13)	공화당(13)	공화당(13)	공화당(13)	공화당(13)
46	노스캐롤라이나 (NC)	공화당(15)	공화당(15)	공화당(15)	민주당(15)	공화당(15)	공화당(14)	공화당(14)	공화당(14)
47	사우스캐롤라이나 (SC)	공화당(9)	공화당(9)	공화당(9)	공화당(8)	공화당(8)	공화당(8)	공화당(8)	공화당(8)
48	조지아(GA)	민주당(16)	공화당(16)	공화당(16)	공화당(15)	공화당(15)	공화당(13)	공화당(13)	민주당(13)
49	플로리다(FL)	공화당(29)	공화당(29)	민주당(29)	민주당(27)	공화당(27)	공화당(25)	민주당(25)	공화당(25)
50	하와이(HI)	민주당(4)	민주당(4)	민주당(4)	민주당(4)	민주당(4)	민주당(4)	민주당(4)	민주당(4)

위 [표]의 결과에 따라 각 스테이트의 주된 경향을 중심으로 [RS], [BS], [SS]로 네이밍을 하였는데, 이는 절대적인 것이 아니고 1992년부터 2020년까지를 표본으로 한 통계 값에 불과하다. 단순다수대표제의 결과이므로 그 자체로 스테이트 전체의 정치적 성향으로 과대 해석해서도 안 되며, 단지 거시적 자료로서만 평가해야 한다. 괄호 안의 숫자는 선거인단의 수를 표시한 것이다.

[Red State]

알래스카(3), 아이다호(4), 유타(6), 몬태나(3), 와이오밍(3), 노스다코타(3), 사우스다코타(3), 네브래스카(5), 캔자스(6), 오클라호마(7), 텍사스(38), 미주리(10), 아칸소(6), 루이지애나(8), 인디애나(11), 켄터키(8), 테네시(11), 미시시피(6), 앨라배마(9), 웨스트버지니아(5), 노스캐롤라이나(15), 사우스캐롤라이나(9)

[Blue State]

워싱턴(12), 오리건(7), 네바다(6), 캘리포니아(55), 콜로라도(9), 뉴멕시코(5), 미네소타(10), 일리노이(20), 메인(4), 뉴햄프셔(4), 버몬트(3), 매사추세츠(11), 로드아일랜드(4), 코네티컷(7), 뉴욕(29), 뉴저지(14), 델라웨어(3), 메릴랜드(13), 하와이(4)

[Swing State]

애리조나(11), 아이오와(6), 위스콘신(10), 미시간(16), 오하이오(18), 펜실베이니아(20), 버지니아(13), 조지아(16), 플로리다(29)

2016년 미국 대통령 선거

주별 선거인단 선거 결과

2012년 11월 6일 2012 대선	→	2016년 11월 8일 **2016 대선**	→	2020년 11월 3일 2020 대선

선거 일시	11월 8일 0시 ~ 11월 9일 1시 (EST)
투표율	55.67%

후보	민주당 대통령 힐러리 클린턴 부통령 팀케인	공화당 대통령 도널드 트럼프 부통령 마이크 펜스
선거인단	227명	304명
전국 득표	48.2% 65,844,610표	46.1% 62,979,636표

2020년 미국 대통령 선거

주별 선거인단 선거 결과

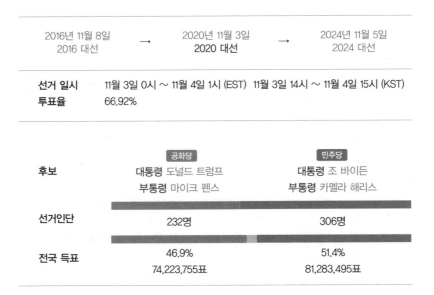

	2016년 11월 8일 2016 대선	→	2020년 11월 3일 **2020 대선**	→	2024년 11월 5일 2024 대선

선거 일시	11월 3일 0시 ~ 11월 4일 1시 (EST) 11월 3일 14시 ~ 11월 4일 15시 (KST)
투표율	66.92%

후보	공화당 대통령 도널드 트럼프 부통령 마이크 펜스	민주당 대통령 조 바이든 부통령 카멜라 해리스
선거인단	232명	306명
전국 득표	46.9% 74,223,755표	51.4% 81,283,495표

2016년과 2020년의 선거결과를 표시한 지도를 보면, 대부분의 스테이트가 종전의 정치적 성향을 그대로 유지하고, 서남부의 11(아리조나), 중부 위쪽 10(위스콘신), 그 옆에 16(미시간), 동부 20(펜실베이니아), 남동부 16(조지아)이 레드에서 블루로 바뀌었다. 결국 이 다섯 개 주의 결과가 미국 대선을 결정지은 것이다. 북부 '러스트벨트'인 위스콘신, 미시간, 펜실베이니아는 전통적인 블루 스테이트였는데 2016년 트럼프 돌풍에 의해 일시적으로 공화당이 승리했던 것이다. 2020년 민주당의 바이든이 3개 주를 모두 석권했다. 조지아는 1996년 이래 레드 스테이트였다는 점에서, 트럼프의 정책실패로 2020년에 민주당이 일시적으로 승리한 것일 가능성이 높다. 즉 역사적 패턴으로 볼 때, 큰 변수가 없는 한 다음 선거에서는 공화당이 승리할 여지가 크다. 요컨대 공화당-민주당의 주기적인 교체는 스윙-보터(Swing-Voter)가 결정해 왔던 것이다.

이처럼 양당제-다수대표제라는 특수성을 가지는 선거는 스윙-보터가 그 결과를 전적으로 결정한다. 2021년 4월 1일 서울시장, 부산시장 4·7 보궐선거를 앞두고, 민주당 이해찬 전 대표가 TBS 라디오 '김어준의 뉴스공장'에 출연해 선거 판세에 대해 "아직은 민주당 후보가 좀 뒤지고 있다고 봐야 한다"고 하였다. 이것이 얼마나 큰 착각이었냐 하면, 국민의힘 오세훈 후보가 최종 57.50%를 득표했고 민주당의 박영선 후보가 39.18%를 득표했다. 18.32%라는 차이는 좀 뒤지고 있는 상황이 아니었던 것이다. 문제는 이해찬이 "이제 얼마나 (지지층을) 결집하느냐에 달렸다"고 말했다는 점이다. '지지층을 결집하면 이길 수 있다'는 생각은 자신의 적극지지층이 보내는 환호에 빠진 대부분의 정치인들이 가지는 환상이다. 하지만 각 당파의 지지층 비율은 고정되어 있고, 또한 비슷하기 때문에 지지층의 결집으로 선거 판세를 뒤집을 수 없는 것이다. 선거는 오로지 스윙-보터를 누가 획득하느냐의 게임이다.

두 번씩 집권하는 패턴은 어떻게 만들어진 것일까?

해리 트루만 이래로 70여 년 동안 민주당의 지미 카터(Jimmy Carter, 1977~1980)와 공화당의 조지 부시(George Bush, 1989~1992)만이 재임에 실패했는데, 2020년 도널드 트럼프(Donald John Trump, 2017~2020)의 실패 사례가 1개 추가되었다. 통계적 패턴의 주류는 재임의 성공, 즉 2기 집권이고, 재임 실패가 예외이다. 또한 3기 연속 집권은 40대 로널드 레이건(Ronald Reagan, 1981~1988)에 이은 41대 조지 부시(George Bush, 1989~1992) 공화당 행정부의 집권이 단 한 번의 유일한 사례다. 대부분의 대통령들이 재임 후반기에 심각한 레임덕에 시달렸던 것과 달리 레이건의 인기는 압도적이었고, 캐네디와 링컨을 앞지를 정도였다. 조지 부시는 레이건의 코트를 붙잡고 당선된 것이다. 버락 오바마 역시도 레이건 만큼이나 인기가 있었는데, 그의 임기 마지막 지지율은 59%였다. 버락 오바마가 2008년에 당선되었을 때 전국 득표율이 52.9%, 재선에 성공했을 때에 51.1%였다는 점에서 임기 마지막 지지율 59%는 대단한 수치다. 하지만 오바마의 높은 인기에도 불구하고 그 뒤 힐러리 클린턴이 낙선했다는 사실은 그만큼 3기 연속집권이 어렵다는 사실을 방증한다. 한편 41대 조지 부시가 재선에 실패한 이유도 바로 그 시점의 정치·경제적, 외교적 사정도 있었을 것이지만, 거시적 측면에서 공화당의 3기 집권으로 인한 피로도가 불리하게 작용했을 것이다.

미국 대통령제에 2기 집권이 안착되었던 첫 번째 이유는 중임제라는 제도로부터 기인했다고 보아야 한다. 현 정부가 아주 심각한 정책 실패를 초래하지 않는 한, 또 1번의 기회를 더 주고 지켜보았던 것이 스윙–보터의 선택이었던 것이다. 그리고 3기 집권을 인정하지 않은 이유는 현 정부의 정책 실패로 인한 피로감(疲勞感)의 증가 때문일 것이다. 집권당을 바라보는 스윙–보우팅(Swing-Voting)의 기준이 '정치적 피로감'이라면, 야당에 대한 스윙 보우팅의 기준은 '과거의 정책실패에 대한 기억의 소멸'이다. 집권당 1기 정부까지는 이전 정부의 잘못이 아직 잊히지 않은 데 반하여, 2기 정부 후반이 되면 이전 정부에 대한 유권자들의 기억이 희미해지게 된다. 좀 더 자세하게 말하면 중년의 유권자의 입장에서는 과거 정부에 대한 기억이 희미해지는 것이고, 20대 유권자의 입장에서는 과거 정부의 정책적 실패를 역사적으로 경험하지 못한 것이다.

2020년 미국을 제외한 세계 대부분 나라의 사람들은 트럼프가 당연히 낙선할 거라고 생각했다. 트럼프 정부가 코로나19 대처에서 보여

준 무능력과 그의 비상식적인 언행이 주된 이유였을 것이다. 우리나라 사람들은 트럼프의 미국 우선주의도 그 이유의 하나로 꼽았지만, 미국 우선주의는 미국 유권자들의 보편적 감수성이다. 오히려 민주당의 지미 카터가 재선에 실패한 이유는 미국 우선주의를 후퇴시키고 도덕적 국제주의를 내세웠기 때문이다. 2020년 11월에 가까워지면서 코로나19로 인한 피해가 더 심해지지만 않았다면 트럼프의 낙선을 쉽게 예단할 수 없었을 것인데, 앞서의 [표]에서 보듯이 레드 스테이트의 확고한 지지가 여전히 유지되었다는 점에서 그러하다. 심지어 스윙 스테이트인 아이오와, 오하이오와 플로리다는 여전히 2기 집권 공식대로 공화당 지지의 결과를 보였다. 이것이 흥미로운 이유는 트럼프가 재선에서 낙선할 정도로 심각한 정부 실패가 있었음에도, 다시 말해서 대단히 이례적인 상황임에도 아이오와, 오하이오와 플로리다는 '2기 집권 허용'이라는 스윙—보터의 전통적인 투표행동을 그대로 보였기 때문이다.

다만 이러한 투표경향은 양당체제—단순다수투표제의 결과이며, 프랑스와 같은 결선투표제에서는 전혀 다른 양상을 보인다. 프랑스의 사례는 뒤에서 보기로 한다.

3장

한국 대통령 선거에서 나타난 통계적 패턴

87년 체제의 미국화 현상

1987년 6월 항쟁을 통해 쟁취한 대통령 직선제는 우리 정치체제를 미국식 대통령제에 근접시켰다. 미국의 경우에도 여러 군소정당이 있지만, 이런 작은 정당들이 대통령 후보를 내는 것은 고사하고 하원 의석을 차지하는 경우조차도 아주 드문데 반하여, 한국의 군소정당은 제법 캐스팅 보트를 쥐는 경우도 많았다. 그러나 단순다수대표제로 인한 '전략적 투표'(strategic voting) 경향은 사실상 우리 정당구조를 미국의 공화당—민주당 체제에 흡사한 양당체제로 만들었다. 더구나 정의당과 같은 진보정당을 제외하고 나머지 군소정당들, 예를 들어 유승민의 바른정당, 안철수의 국민의당과 같은 정당들은 근본적으로 민주당과 보수당의 뿌리에서 정략적으로 갈라진 집단들이었기 때문에, 언제든지 정치적 이해관계에 따라 이합집산을 하였다. 아래는 필자가 이전에 집필한 「지배당한 민주주의」에서 '전략적 투표 현상'에 대해 설명한 부분이다.

여기서 문제되는 것이 이른바 '전략적 투표(Tactical voting)' 현상이다. 선거에서 후보가 3인 이상일 때, 투표자가 자신의 의사를 그대로 표명하지 않고 상대적인 의미에서 차선의 결과에 투표하는 것을 말한다. 투표자가 자신의 표가 '사표(死票)'가 되는 것을 막기 위해 자신의 의사를 왜곡하는 것으로, 한국 정치에서 유권자 입장에서는 '비판적 지지론', 정당의 입장에서는 '후보단일화'라는 형태로 반복되어 왔다. '후보단일화론'은 1956년 정부통령 선거에서 자유당의 이승만에 대항하여, 민주당의 신익희가 진보당의 조봉암을 압박하면서 시작되었다. 다만 신익희가 선거기간 중 급서하여 조봉암이 이승만과 대결하였다(63).

그런데 양당체제에서 나타나는 이러한 전략적 투표현상을 더욱 강화시키는 것이 바로 대통령제이다. 비례대표제를 통하여 제3, 4당이 활성화되더라도 대통령제가 존속하는 한 제3, 4당은 다시 제1당과 제2당으로 수렴하게 된다. 예를 들어 케네디(민주당)와 닉슨(공화당)이 대결했던 1960년 미국 대통령 선거에서 후보를 냈던 사회노동당, 주권당, 입헌당은 이미 미국 정치사에서 사라진 지 오래다. 왜냐하면 대통령제 아래에서 제3, 4당은 대통령을 잉태할 수 없는 불임정당이기 때문이다. 쉽게 말해서 유승민은 바른정당 또는 안철수와 합당했던 바른미래당을 고집하는 순간 정치적으로 도태될 수밖에 없으며, 보수당과 함께해야만 집권의 가능성을 가지게 된다. 같은 취지로 심상정 역시도 버니 샌더스가 민주당 경선에 들어갔던 것처럼 민주당 경선에서 이겨 민주당 후보가 되지 않는 한 대한민국에서 정의당 대통령은 불가능하다. 의원내각제 아래에서 제3, 4당이 제1당 또는 제2당의 연립파트너가 되어 정책수행능력을 보이고, 종래에 수권정당으로 발돋움할 수 있는 것에 반하여, 대통령제에서 제3, 4당은 결코 제1, 2당으로 성장할 수 없다. 결국 대통령제에서 새로운 정치세력의 등장은 불가능하며, 종전의 양당체제가 지배적인 지위에서 새로운 정치인을 개별적으로 흡수하는 방식을 취할 뿐이다.

2021년 4-7 보궐선거는 박원순 전 시장의 성추행 사건, 조국 사태와 추미애 사태, 문재인 정부의 부동산 정책 실패라는 미시적인 이유가 있었지만, 거시적인 관점에서 중간선거의 특징을 가진다. 대한민국 대통령의 5년 임기와 국회의원의 4년 임기가 일치되지 않아, 우리의 총선은 만성적으로 미국의 '중간선거(off-year election)'와 유사한 특징을 가지고 있다. 즉 대통령의 임기 시작에 가까운 때에 치러진 국회의원 선거는 대통령의 코트 테일 이펙트가 적용되어 집권당이 승리하는 데 반하여, 임기 중반을 넘어서 치르는 선거는 미국의 중간선거와 같은 결과를 초래했다. 임기 중반을 넘어서면 어김없이 부패 사건과 정책실패의 결과들이 드러나기 마련이어서, 미국식 중간선거와 비슷한 양상을 띠게 되는 것이다. 이로써 분점정부, 이른바 여소야대 정부가 일상화되어 '교착상태의 무기력한 대통령'과 '제왕적 대통령'이라는 모순적인 미국 대통령제의 현상이 우리에게도 투영되었다. 즉 국회의 동의를 요하는 영역에서는 야당의 비토로 대통령의 권한은 무력하기 짝이 없는데 반하여, 행정명령의 영역에서는 아무도 통제할 수 없는 제왕적 권한을 행사하게 되는 것이다. 트럼프 정부가 출범한 첫 1년 동안, 상원에 통과한 법률이 1개에 불과했던 데 반해, 온갖 인종차별적인 행정명령은 무수하게 시행되었던 것이 그 사례다. 당시 미국 민주당은 그 행정명령에 대해 비난하는 것 말고 아무런 조치도 취할 수 없었다.

문재인 대통령의 말 한마디에 임대료멈춤법, 최고금리 인하, 종부세 인상, 기무사 계엄령 수사 등이 급속하게 추진된 것에 대해, 2020년 12월 21일자 문화일보가 「文대통령 말 한마디에 정책 뚝딱 … 위험한 '인치 공화국'」이라는 제목으로, 숙의과정이 생략되어 갈등을 키울 소지가 있다고 비판했다. 2021년 5월 10일자 미디어오늘에 의하면, 문재인 대통령이 "원전 수사 등 여러 가지 수사를 보더라도 이제 검찰은 별로 청와대 권력을 겁내지 않는 것 같다"고 말했다고 밝혔다. 그토록 권위와 처절하게 싸워왔던 인권변호사 문재인이 이제는 '(자신을) 겁내지 않는다'라는 표현을 쓸 정도로 권위적으로 변해 버렸다. 하지만 그렇게 멀지 않은 기억을 더듬더라도, 문재인보다 훨씬 더 독선적이었던 대통령들을 금방 찾을 수 있다. 이것은 대통령 개인의 인품의 문제가 아니고, 대통령제가 가지는 군주제적 특성으로부터 기인하는 것이다. 이러한 현상은 대통령제가 폐지되지 않는 한 언제나 반복될 것이다. 그나마 미국식 대통령제는 박정희-전두환 체제와 같은 신대통령제 (Neo-präsidentialismus, 뢰벤슈타인)에 비하면 그나마 권한이 축소된 것이다.

위와 같이 우리의 대통령제가 구조적으로 미국식 대통령제에 접근해 가면서, 2기 집권 현상도 우리 체제에서 발견되었다. 1987년 이래로 30여 년이 넘게 보수당과 민주당이 2기씩 집권하면서, 10년에 한 번꼴로 번갈 아 지배권을 교환했다. 이러한 지배권 교체가 스윙 보터의 교차 투표에 의한 것임은 물론이다. 더하여 미국의 사례에서 나타난 스윙 보터의 투 표 기준과 달리 한국적 패턴의 특징이 있는데, 다음에서 살피기로 한다.

각 당의 '적극지지층'의 비율은 몇 퍼센트 정도나 될까?

2011년 8월 24일에 우리는 대단히 의미 있는 사회적 실험을 경험했 다. 서울특별시의회의 무상급식 정책을 반대하는 당시 서울특별시장 오세훈의 주민투표 발의로, 무상급식 지원범위에 관한 서울특별시 주 민투표가 시행되었다. 최종 투표율은 25.7%로 개표 득표율 33.3%에 미 치지 못하여 투표함은 개봉되지 않고 파기되었다. 주민투표 제도의 실 질화를 위해 개표 득표율 33.3%를 낮추어야 하는데, 다만 여기서는 투 표율 25.7%라는 숫자에 주목하기로 한다. 당시에 개표 득표율에 이르지 못할 것이라는 평가가 대세를 이루자, 오세훈은 한나라당과의 협의도 없이 시장 직을 걸었고, 그 바람에 정책투표가 재신임투표로 변질되어 버렸다. 이후 대형교회 목사들이 투표참여를 독려하면서 주민투표법 제28조의 위반문제가 제기되었고, 금융위원회가 산하 기관장들에게 투표를 독려하는 공문을 보냈다가 파문이 일었다. 그러면서 민주당은 무상급식에 대한 정책논쟁을 제기하지 않고 투표불참 운동을 벌이면서 재신임투표로의 변질을 가속화했다. 이 같은 경험은 그 과정과 결과 모두 바람직스러운 것이 아니었다. 오세훈 시장이 주민투표를 정책투표(레퍼렌덤, referendum)가 아닌 재신임투표(플레비시트, plebiscite)로 변질시켰던 것이나, 민주당이 투표불참 운동을 함으로써 플레비시트를 가속화한 것 모두 결코 반복되어서는 안 되는 일이기 때문이다. 어찌 되었든지 위와 같은 과정을 거쳤기 때문에, 결국 투표율 25.7%를 한나라당에 대한 적극 지지층의 비율에 근사한 값으로 평가할 수 있게 되었다.

이와 비슷한 수치를 2007년 17대 대선에서 찾을 수 있는데, 대통합민주신당의 정동영 후보가 얻은 26.14%가 그것이다. 민주당의 2기 집권 이후에 보수당으로 지배권이 교차되는 시기로, 스윙보터 대부분이 한나라당의 이명박 후보에게 표를 몰아주어 48.67%로 당선되었던 때다. 분명 각 시기 별로 새로운 세대가 유권자로 편입되기 때문에 단순 비교를 하는 것은 적절하지 않지만, 그렇다고 하더라도 이 숫자는 여전히 의미심장하다.

한편 이와 유사한 수치를 2021년 4월 7일 서울특별시장 보궐선거에서 민주당의 박영선 후보가 얻은 득표율에서도 찾을 수 있다. 선거 직후에 민주당은 박영선이 앞서가다가 갑작스럽게 튀어 나온 LH공사 직원들의 땅투기 사건으로 역전되었다고 평가했다. 하지만 박영선 후보가 얻은 득표는 전적으로 민주당에 대한 적극 지지층의 의사로 볼 수 있다. 왜냐하면 민주당의 평가와 달리, 오세훈 국민의힘 후보의 당선은 오세훈에 대한 지지가 아니라 누적된 문재인 정부의 실책에 대한 스윙 보우팅의 결과이기 때문이다. 선거 직후인 2021년 4월 12일~14일 동안 전국 단위로 이루어진 엠브레인퍼블릭·케이스탯리서치·코리아리서치·한국리서치의 조사(신뢰수준 95%, 오차범위 ±3.1% 포인트)에 의하면 국민의힘의 보궐선거 승리 이유를 묻는 질문에 '더불어민주당이 잘못해서'라고 응답한 비율이 무려 61%로 나타났다. '전임 시장의 잘못을 심판한 결과'라는 응답은 18%였지만 '국민의힘 잘해서'라는 답은 7%에 그쳤다(2021. 4. 15.자 한겨레신문 「야당 압승 "민주당 잘못해서" 61% "국민의힘 잘해서" 7%」). 4-7 보궐선거의 전체 투표율 58.2%에 박영선 후보의 득표율 39.18%를 곱하면 22.80%가 된다.

위 두 사례에서 편차를 고려하면, 대략 25%~28%가 민주당과 보수당에 대한 각각의 적극지지층의 비율이다. 그리고 일반적인 대통령 선거의 평균 투표율이 대략 70~75%이므로, 각 당에 대한 적극지지자 비율을 빼면 전체 유권자에서 스윙 보터는 약 15~20%로 추산할 수 있다. 다르게 접근하면 4-7 보궐선거에서 오세훈 후보와 박영선 후보의 득표 차이인 18.32%가 바로 스윙 보터의 비율인 것이다. 민주당과 보수당의 적극 지지자들은 자신의 정치철학을 각 정당과 일치시키고 상대 정당을 적(敵)으로 간주하기 때문에, 자신의 지지정당이 어떤 정책 실패를 하더라도 투표행동을 결코 바꾸지 않는다. 따라서 선거의 결과는 오로지 스윙–보터의 투표로써 좌우된다.

스윙–보터는 어떤 기준으로 정부를 선택하나?

2021년 4–7 서울시장 보궐선거에서 오세훈 국민의힘 후보가 당선된 것에 대해서 2021년 4월 8일자 한겨레신문은 「오세훈 지지 아니라 '민주당만 아니면 된다' 생각에 찍었다」라는 제목의 기사에서, 아래와 같이 유권자들의 생각을 게재했다.

〈한겨레〉가 접촉한 강남3구 주민들은 선택을 좌우한 핵심 요인으로 역시나 '정부의 부동산 정책 실패'를 먼저 꼽았다. 서울 송파구에 사는 권아무개(36)씨는 지난해 총선까지 민주당을 지지했으나 이번 선거에서는 오 후보를 찍었다. … 서울 서초구에 사는 직장인 ㄱ(47) 씨도 "이번 선거는 오 후보를 지지해서 찍는다기보다는 '민주당만 아니면 된다'는 마음이었던 것 같다"며 "부동산 문제가 큰 영향을 미쳤고, 엘에이치 사태의 영향도 컸던 거 같다"고 짚었다. … 진보성향의 유권자들은 찍고 싶은 후보가 없어 투표장에 나가지 않았다는 사람들도 많았다. 김아무개(46·서초구) 씨는 "민주당에 크게 실망했다는 것을 보여주고 싶었는데 정의당이 후보를 내지 않아 마땅히 찍고 싶은 인물이 없었다"며 "투표를 안 하는 경우는 거의 없었는데 자발적으로 투표하지 않은 것은 이번이 처음"이라고 말했다.

러시아 출신으로 2001년 한국에 귀화한 좌파 성향의 박노자(Vladimir Tikhonov) 오슬로대 한국학 교수가 2021년 4월 3일자 페이스북에서, 오세훈 국민의힘 서울시장 후보 유세 트럭에 올라 발언한 2030세대를 향해 "본래 극우"라고 지칭해 논란을 일으켰다.

이런 발언을 하시는 분들은, 제 짐작으로는, '실망 당한 문 지지자'라기보다는 본래 극우 쪽에 섰던 분들인 것 같습니다. 신자유주의 레짐(regime) 밑에서 나고 자란 사람들에게는, 그 지배 사상인 신자유주의에 젖어 극우선전을 받아들이는 것은 비교적 쉬울 수도 있는 거죠. 특히 본인은 신자유주의 게임의 수혜자 쪽에 속한다면, 이들이 생각하는 '공정'은 제가 보기에는 어떤 보편적인 시민적 '정의'라기보다는 차라리 경쟁에서의 승패결과를 합리화하면서 경쟁이라는 과정 자체를 의심하지 않는, 그런 개념을 말하는 것 같습니다. 사실 순리대로라면 문 정권에 실망한 이 사회의 젊은 피해자들은 오른쪽 끝자락이 아니고 왼쪽으로 와야 하는데 … 이 사회의 담론의 장은 이미 극우들이 왜곡한 개념들(공정, 효율성 등)을 위주로 해서 짜여

진 데다가 왼쪽은 찢겨져 있는 데다 존재감이 넘 없고 매체력이 넘
약하죠. 매체로 충만한 사회에서는 거기에서 소외되면 아예 비가시
화 당하고 말지요. 그러니 상당수의 신자유주의 피해자들이 지금 자
기 손으로 미래의 새로운 신자유주의적 적폐 정권의 탄생에 일조하
는, 웃지 못할 비극이 벌어지고 있지요.

논쟁의 상대방을 '우파 혹은 좌파'라고 부르고, 논쟁 대상의 타당성
과 근거에 대해 말하지 않고 상대방을 '신자유주의 또는 급진주의' 등
으로 낙인찍는 행위는 당파적 전투에 불과하다. 집권당의 실패를 비
판한다고 해서 다짜고짜 극우로 몰아넣는 것은 아무리 페이스북에서
의 짧은 글이라고 해도, 설명되지 않는 비약과 공백이 크다. 왜냐하면
시민들에게 정책을 발안하고 결정할 권한은 없고 오로지 사람을 뽑는
선거권밖에 없으며, 그 선거에서 전략적으로 선택할 수 있는 정당이 2
개 정당 밖에 없기 때문이다. 그래서 민주당이 잘못하면 보수당을 찍
을 수밖에 없는 것이다. 실제로 박노자 교수의 글은 청년세대에게 신
중한 선택과 숙고를 돕기 보다는 좌우의 당파적 대립만을 심화시키고,
자신의 의도와는 거꾸로 청년들의 우경화를 가속시키는 반대의 결과
를 낳게 될 것이다.
　　일반적으로 선거에서 민주주의 의제보다 경제가 더 중요하다. 좀
더 정확하게 말하면 경제보다 정치적 이슈를 강조하는 정당은 선거에
서 실패한다. 경제란 시민들의 삶 자체이며, 정치의 목적이기 때문에
가장 우선되어야 함에도, 때때로 좌파 정당은 권력 통제적 이슈에 지

나치게 집착해 왔다. 문재인 정부에서는 이른바 적폐청산과 검찰개혁이 그것이었다. 2021년 4월 9일자 세계일보는 「김용민, "민주당 패배원인은 불공정에 대한 분노, 해소 방안은 검찰과 언론개혁"」라는 제목의 기사에서 김용민 민주당 의원의 다음과 같은 주장을 실었다.

2021년 4-7 보궐선거에서 민주당이 패배한 것에 대해, 김용민 민주당 의원이 불공정을 해소하지 못한 때문이라고 지적했다. 김용민 의원은 '민주당의 박영선 후보가 여론조사에서 이기고 있다가 LH 직원들의 땅 투기 사건이 터지면서 지지율 하락이 촉발된 것이지 민주당 정부의 검찰개혁에 대한 반발로 지지율이 하락한 것이 아니'라고 밝혔다. '검찰이 우리 사회에서 가장 불공정한 기관이 되었고, 검찰을 개혁해 우리 사회의 공정성 회복의 틀을 복원해야 한다'고 덧붙였다. 또한 '가치중립적인 민생은 독재도 찬성한다는 극단으로 흐를 수 있다'면서 '민생을 챙기는 것도 결국 불공정을 해소하는 방법으로 접근해야 한다'고 주장했다.

한 달 뒤인 2021년 5월 7일 김용민은 '김어준의 다스뵈이다'에서 4-7 재보선 참패 후 쇄신과 자성을 내거는 자당의 분위기를 겨냥하여, "계속 '반성한다'고 하는데 정확히 무엇을 반성하는지도 모르겠고, 듣기에도 불편하다"고 쏘아붙였다. 김용민의 위 주장에 지금의 모든 문제가 함축되어 있다. 검찰개혁과 민생 법안 추진은 동시에 이루어질 수 있는 것이고, 함께 하지 못한 것은 민주당 정부의 무능력일 뿐이다.

LH 사태는 기폭제 역할만 했을 뿐 4·7 보궐선거의 민주당 패배의 주된 원인은 민주당 정부가 부동산 정책에서 실패한 때문인데도, 김용민은 여전히 똥오줌을 가리지 못하고 있다. '가치중립적인 민생이 독재도 찬성한다는 극단으로 흐를 수 있다'는 문장은 그가 심각한 이분법에 사로잡혀 있음을 뜻한다. 애초에 민생, 즉 시민들의 삶을 증진시키고 윤택하게 하는 것이 국가의 책무이자 정치의 목적임에도, 그는 민생법안 추진을 검찰개혁을 반대하거나 소홀히 하는 것쯤으로 이해하고 있는 것이다. 그에게 정치의 목적은 오로지 권력투쟁으로만 남게 되었다. 1992년 빌 클린턴을 백악관에 입성시켰던 "It's the economy, Stupid!"는 언제나 옳다. 왜냐하면 시민들의 삶을 더 나아지게 하는 것이 정치의 목적이기 때문이다.

앞서 미국의 사례에서 보았듯이 스윙-보터의 투표행동에 영향을 미치는 기준은 현 정부에 대한 피로도와 과거 정부에 대한 기억의 소멸 정도이다. 그런데 2021년 4월 대한민국에서 우스꽝스러운 일이 벌어졌다. 민주당은 오세훈 후보를 '리틀 이명박' 또는 '이명박의 재탕'이라고 비난했다. 심지어 박영선 후보는 자신에 대한 20대 지지율이 낮은 이유에 대해 20대의 경우 40대와 50대보다는 과거 역사에 대해 경험치가 낮지 않나"라고 발언했다(2021. 3. 26.자 파이낸셜뉴스 「박영선, 20대 지지율 낮은 이유 묻자 "역사 경험치 낮아서"」). 이명박에 대한 정치적 경험이 없는 20대에게 오세훈에 대한 비판을 위해 이명박을 소환한 행태는 선거와 정치에 대한 기술적 무지이며, 유권자들에 대해 역사적 경험치가 낮다고 경멸한 것은 용서받을 수 없는 교만이었다.

미국 대선뿐 아니라 한국 대선에서 2기 집권 경향이 통계적으로 반복되었던 이유는 집권당 1기 정부까지는 과거 정부의 잘못이 아직 잊히지 않은 데 반하여, 2기 말쯤 되면 유권자들의 기억이 희미해지게 된 탓이다. 즉 2016년 박근혜 탄핵 시국에서 문제되었던 박근혜의 무능력이나 새누리당의 구태는 2027년의 유권자에게 아무런 정치적 긴장을 주지 못한다. 중년의 유권자의 입장에서는 잘 생각나지 않는 희미한 기억이고, 20대 유권자의 입장에서는 경험하지 못한 일들로 관심 밖의 것이다. 따라서 20대 스윙-보터를 설득하기 위해서는 미래에 대한 계획을 제시해야 한다. 따라서 이명박에 대해 모른다는 20대에게 역사 경험치가 낮다고 말한 박영선은 선거전술에서 실패했으며, 유권자를 모욕함으로써 선거가 유권자의 감정을 충족하는 것이라는 선거의 본질적 프레임에서 벗어났다. 유권자의 표의 합계로 집권세력을 정하는 현대국가에서, 정치란 대중에게 공정성과 희망이라는 감수성을 충족시키는 비즈니스라는 사실을 잊은 것이다. 이것은 마치 민간기업의 비즈니스가 상품과 서비스를 파는 것처럼 보이지만, 실제로는 그 상품과 서비스를 통해 느껴지는 만족감이라는 감정을 충족시키는 것과 유사하다.

　요컨대 선거는 과거를 반추하는 것이 아니라 미래를 도모하는 것이기 때문에, 모든 스윙-보터를 매혹시키는 가장 중요한 기준은 미래에 대한 계획이다. 앞에서 제시한 현 정부에 대한 피로도와 과거 정부에 대한 기억보다 더 중요한 기준이 그것인데, 대한민국 선거가 미국 선거와 현격하게 구별되는 지점이다. 다음에서 분석하기로 한다.

4장

2022년 대통령 선거와
2027년 대통령 선거에서 누가 승리할까?

양당체제에서 제3지대 후보는 대통령이 될 수 없다

이른바 진보좌파 이론가들은 진보정당이 대중적 기반을 넓혀 보수우파를 척결하고, 장차 민주당을 극복하여 집권하는 플랜을 꿈꾼다. 그런데 진보정당 운동이 시작된 지 20여 년이 넘은 지금까지도 왜 한 자리 수 지지율도 못 넘는 것일까? 2021년 4·7 보궐선거에서 이른바 진보후보들(6번 기본소득당, 8번 미래당, 11번 여성의당, 12번 진보당 등)의 지지율을 다 합쳐도 2%도 안 되는 이유는 무엇일까? 지금의 양당체제─대통령제라는 통치구조의 특징을 이해하지 못하는 것이며, 이러한 몰이해는 그들을 영원히 군소정파로 남게 할 것이다. 그런 의미에서, 김종인 전 국민의힘 비상대책위원장이 2021년 4월 13일자 매일

경제 인터뷰에서 지적한 아래의 말은 거칠지만, 대단히 유의미하다.

　　이 나라 정치에서 정당은 대통령의 당이다. 대통령을 구심점으로 돌아가고, 대통령이 없으면 오합지졸이 된다. 그래서 강한 대통령이 될 만한 사람이 나오면 당은 자연스럽게 그쪽으로 가게 돼 있다.

　　앞서 언급했듯이 대통령제가 가지는 반정당주의적 특징이자 군주제적 특징의 발로다. 진보신당, 녹색당, 청년당, 무슨무슨 진보연대 등등, 이들의 집권은 턱도 없고 정의당조차도 지금의 대통령제 아래에서는 100년이 지나도 집권하지 못한다. 미국 대통령제의 역사가 우리에게 이를 증명하고 있다. 케네디가 당선되었던 1960년 미국 대선에서, 제3후보를 내었던 사회노동당, 주권당은 그 이후에 하원의원, 상원의원 한명도 배출하지 못했고, 지금은 흔적조차 남아있지 않다. 전략적 투표 경향에 따라 거대 양당으로 투표결과가 귀속되고, 이러한 경향이 제3당의 존재가치를 소멸시켰던 것이다.

　　2021년 4월 13일자 매일경제 인터뷰에서 김종인 전 비대위원장이 이런 말을 했다. 윤석열 전 검찰총장이 국민의힘에 입당할 것으로 보는가라는 질문에 '안 갈 것 같다. 저 아사리판에 가서 무슨 이득이 있다고. 금태섭 전 의원이 말한 새로운 정당으로 가는 상황이 전개될지도 모른다.'라고 대답했다. 2021년 4-7 보궐선거에서 국민의힘의 승리를 이끌었지만, 당내에서 자신을 붙잡지 않은 것에 대한 서운함과 자신에 대한 여러 비토세력에 대한 경멸이 담겨 있다. 그러나 김종인의 인식은 틀렸다. 김종인이 '별의 순간'의 예로 드는 프랑스와 우리나라는 선거제도가 다르기 때문이다. 김종인은 수시로 자신이 꿈꾸는 대통령 모델로 프랑스 에마뉘엘 마크롱을 언급했는데, 그가 마크롱의 정치적 세계관에 공감하는 것도 있지만 마크롱이 혜성처럼 등장했던 상황에 매료되어 있는 것으로 보인다. 김종인이 자주 말했던 '별의 순간'은 '광기와 우연의 역사'로 번역된 슈테판 츠바이크(Stefan Zweig)의 'Sternstunden der Menschhei'(인류의 별의 순간)에서 차용한 것으로 보인다. 에마뉘엘 마크롱의 별의 순간은 그야말로 드라마틱하다. 아래는 필자의 저서 「지배당한 민주주의」 중에서 마크롱의 집권과정에 관해 쓴 부분이다.

2017년 1월 공화당의 프랑수아 피용과 국민전선의 마리 르펜(2002년 국민전선의 후보였던 장 마리 르펜의 막내딸)이 지지율을 다투고 있었고, 마크롱은 지지율 3위로 눈에 띄는 후보가 아니었다. 한편 브누아 아몽(Benoit Hamon)은 사회당의 선명성을 내걸고 사회당의 후보가 되었지만, 좌파를 지지하는 유권자들 중에서도 올랑드 정부의 실패로 사회당의 종전 정책에 의구심을 가지는 사람들이 많아 아몽의 1차 투표 탈락은 이미 예견되고 있었다. 그러던 중 예기치 않게 가족이 연루된 공금횡령 의혹으로 피용의 지지율이 급락하면서 마크롱의 지지율이 2위로 올랐고, 최종적으로는 극우파인 르펜의 집권을 저지하려는 유권자들의 전략적 투표로 인해 마크롱이 대통령에 당선되었다. 정말로 예상치 못했던 한 편의 드라마가 아닐 수 없다. 피용의 횡령 사건 이전만 해도 전통적인 좌파 유권자들의 전략적 투표로 인하여 피용이 당선될 것이라는 예측이 지배적이었기 때문이다(72).

그런데 프랑스 대통령 선거에서는 이 같은 극적인 결과가 종종 반복되어 왔다. 2002년 대선에서도 유권자들 대부분이 전혀 예상치 못했던 자크 시라크(Jacques Chirac)가 '별의 순간'을 잡았다.

2002년 프랑스 대선에서, 결선에 오를 유력한 후보는 좌파인 사회당의 리오넬 조스팽(Lionel Jospin)과 우파인 공화국연합(RPR)의 자크 시라크(Jacques Chirac)였는데, 여론 조사 결과 결선 투표에서 조스팽을 지지하겠다는 유권자가 더 많았다. 그러자 "결선에만 오르면 누구라도 시라크에게 이길 수 있다"라는 생각에 좌파 후보가 난립하였고, 이 바람에 정작 결선에 오른 후보는 우파 시라크와 극우파인 프랑스국민전선(FN)의 장-마리 르펜(Jean-Marie Le Pen)이었다. 좌파를 지지하던 유권자들은 어쩔 수 없이 결선 투표에서 시라크에게 투표할 수밖에 없었고, 그 결과 좌파를 지지하는 유권자가 절반이 넘었음에도 조스팽이 아닌 시라크가 압도적인 지지율로 당선이 되었다(70).

이 같은 결과는 프랑스헌법이 결선투표제를 채택하고 있기 때문이며, 전략적 투표현상이 극대화된 결과이다. 그에 반해 '최고득표자가 2인 이상인 때에는 국회의 재적의원 과반수가 출석한 공개회의에서 다수표를 얻은 자를 당선자로 한다.'라고 규정한 대한민국헌법 제67조 제2항의 해석 상 우리는 단순다수투표제를 전제하고 있으므로, 결선투표제를 채택하려면 개헌을 해야만 한다. 이런 연유로 우리의 경우에는 거대 양당의 후보가 아닌 한 결코 '별의 순간'을 잡지 못한다. 그런 의미에서 윤석열은 국민의힘 후보가 되지 않는 한 대통령이 될 수 없다. 이른바 제3지대에서 윤석열이 후보가 되어 당선되는 것은 불가능하며, 적어도 국민의힘의 경선에서 살아남아 국민의힘의 후보가 되어야 한다. 적어도 국민의힘 후보와 단일화를 하지 않고 3파전이 되면, 민주당 후보가 당선된다. 대신 국민의힘에 입당하거나 단일화를 하는 순간, 상대적으로 보수당을 싫어하면서 윤석열에게 호감을 가졌던 스윙-보터의 표는 잃을 수밖에 없을 것이다.

우리 헌법의 개헌에 관하여 프랑스식 결선투표제를 주장하는 사람들이 있는데, 이것은 손대지 않는 것보다 못한 개악이다. 결선투표제는 전략적 투표 경향이 극대화 되어 유권자의 의사와 달리 당선자의 대표성이 과대 대표되는 문제가 있을 뿐만 아니라, 전혀 예상치 않은 인물이 대통령에 당선되는 우연적 결과를 낳을 수 있기 때문이다.

2012년 새누리당 박근혜 후보의 승리는 어떤 의미를 가지는가?

2012년 대통령 선거에서 새누리당의 박근혜 후보는 51.55%, 민주통합당의 문재인 후보는 48.02%를 득표했고, 3.53%라는 근소한 차이로 박근혜가 승리했다. 사실 선거 막바지까지도 민주당은 승리를 장담했는데, 가장 큰 이유는 이명박 정부의 심각한 부정부패와 정책실패 때문이었다. 하지만 당시 민주당의 정권심판론은 결과적으로 오류였다. 미국 선거에서는 현직 대통령이 집권당의 후보이므로, 현 정부에 대한 심판론이 당연한 이슈지만, 우리는 그렇지 않기 때문이었다. 한나라당에서 새누리당으로 당명을 바꾸고 후보는 이명박이 아니라 박근혜였음에도, 민주당은 '이명박 심판'만을 외쳤다. 그 와중에 김종인이라는 노회한 책사의 도움으로 좌파의 의제인 경제민주화를 전면에 내걸어 박근혜는 당당하게 청와대에 입성했다.

이명박 정부 말기의 부패와 정책실패는 2020년 트럼프와 비교하더라도 결코 뒤지지 않는데, 4대강 사업 실패, 자원외교 실패 등과 그 각각에 둘러싼 공적 자금의 남용과 범죄적 연루, 내곡동 사건 등 이루 셀 수 없을 정도였다. 따라서 스윙—보터에 의한 2기 집권의 패턴에 불구하고, 이명박 정부의 심각한 실패가 있었다는 점에서 박근혜 후보가 당선된 것은 대단히 특별한 사례로 보아야 한다. 여기에는 우리 대통령제가 미국과 같은 중임제가 아니라는 특수성이 있다. 사람이 바뀌고 미래에 대한 계획을 제시하면, 종전 정부의 심각한 실패에도 2기 집권의 패턴이 유지될 수 있었던 것이다. 여기에는 민주당의 전술적인 아마추어리즘도 한몫 했다. 당시에 '이명박은 싫지만 박근혜는 좋다'는 스윙보터가 많았다는 사실을 민주당은 눈여겨보지 못했다. 이는 한편으로 대통령제가 가지는 반정당주의적 특징이자 군주제적 특징의 하나이다. 당시 민주당은 한나라당이 새누리당으로 이름을 바꾸었다고 해서 실제로 바뀌는 것은 없고, 박근혜는 사실 '이명박근혜'라면서 그 동질성을 애써 설득하려고 했지만, 스윙—보터들은 이명박과 박근혜를 다르게 생각했다. 왜냐하면 대통령제는 '1인 행정부' 체제이며, 대통령제에서의 정당은 단지 대통령을 잉태하는 자궁의 역할만을 할 뿐이어서 한나라당과 새누리당의 동일성은 민주당 지지자들의 머리속에만 있었다.

미국 선거에서 집권당 후보는 현 정부를 비판할 수 없지만, 대한민국의 집권당 대선후보는 현 정부와 자신을 차별화시킬 수 있다. 따라서 문재인 정부의 실패에도 불구하고, 민주당의 대선후보는 충분히 자신을 부각시킬 수 있는 것이다. 정말로 치유할 수 없을 정도의 치명적인 실패가 있었더라도 그러하다. 그런데 2021년 4월 15일 이낙연 민주당 전대표는 문재인 대통령과 '차별화'를 해야 한다는 지적에 대해, "대통령을 안 했으면 안 했지, 그 짓(차별화)은 못한다"면서 "죽는 한이 있더라도 문 대통령을 지키겠다"고 인터뷰에서 밝혔다. 만약 경선 승리를 위해 친문 팬덤을 의식한 것이라면 영악한 정치적 제스처지만, 정말로 '충심어린 의리'의 표현이라면 이런 자세로는 민주당의 재집권은 불가능하다. 이것이 이명박—박근혜로 이어진 정치실험의 결과이다.

2020년 10월 2일 도널드 트럼프가 코로나19 양성판정을 받았었는데, 만약 그 치료에 실패해서 마이크 펜스 부통령이나 다른 사람이 공화당 후보가 되었다면, 승패 결과는 달라졌을지도 모른다. 어쨌든 여기서 2022년 대선에 관하여 국민의힘에게 한 가지 팁을 준다면, '미래에 대한 계획'을 제시하지 않고 '정권심판론'만을 제기하는 것으로는 집권하지 못한다는 것이다. 그것이 2012년 민주당 실패의 교훈이다. 서울시장 보궐선거에서는 정권심판론으로 대충 때울 수 있었을 테지만, 대통령 선거라면 향후 10년의 청사진을 보여야 스윙-보터를 매료시킬 수 있다. 2012년에 '이명박은 싫지만 박근혜는 좋다'는 스윙-보터처럼 "문재인은 싫지만 ○○○은 좋다"고 하면서 민주당에 표를 던질 스윙-보터가 있을 것이기 때문이다.

1기 집권 교체기와 2기 집권 교체기의 역사적 패턴

87년 민주화 이후에 있었던 역대 대통령선거의 각 당 후보의 득표율은 다음과 같은데, 보수당과 민주당이 2기 집권의 반복된 패턴을 보였다. 미국 대선에서 제3후보는 유효한 득표율을 얻지 못하는데 반하여, 우리 경우의 제3후보는 상당한 득표를 얻었다. 다만 보수당-민주당의 2기 집권의 역사적 패턴을 바꿀 정도에는 이르지 못했다. 여기서 1기 집권 후 교체기와 2기 집권 후 교체기의 득표율이 차이점을 보였는데, 일정한 특징적 패턴이 나타났다. 10년이 주기가 됨에 따라 끝자리가 2가 되는 연도, 즉 '2년 선거'는 [1기 집권 후 교체기], 끝자리가 7이 되는 연도, 즉 '7년 선거'는 [2기 집권 후 교체기]가 되었다.

대선(연도)	순위	정당	후보	득표율	비고
13대(1987)	1	민주정의당	노태우	36.64%	당선
	2	통일민주당	김영삼	28.03%	
	3	평화민주당	김대중	27.04%	
	4	신민주공화당	김종필	8.1%	
14대(1992)	1	민주자유당	김영삼	41.96%	당선
	2	민주당	김대중	33.82%	
	3	통일국민당	정주영	16.03%	
	4	신정당	박찬종	6.4%	
15대(1997)	1	새정치국민회의	김대중	40.27%	당선
	2	한나라당	이회창	38.74%	
	3	국민신당	이인제	19.20%	
16대(2002)	1	새천년민주당	노무현	48.91%	당선
	2	한나라당	이회창	46.58%	
17대(2007)	1	한나라당	이명박	48.67%	당선
	2	대통합민주신당	정동영	26.14%	
	3	무소속	이회창	15.07%	
18대(2012)	1	새누리당	박근혜	51.55%	당선
	2	민주통합당	문재인	48.02%	
19대(2017)	1	더불어민주당	문재인	41.08%	당선
	2	자유한국당	홍준표	24.03%	
	3	국민의당	안철수	21.41%	
	4	바른정당	유승민	6.76%	
	5	정의당	심상정	6.17%	

눈여겨보아야 할 것은 2007년 17대 대선과 같은 [2기 집권 후 교체기]에는 스윙보터가 압도적으로 반대정당으로 돌아섰다는 점이다. 17대 대선에서 3위 득표를 한 이회창 무소속 후보가 실질적으로는 보수

후보라는 점에서 당시 이명박 후보가 대부분의 스윙보터의 표를 흡수했다고 해석된다. 그리고 정동영이 얻은 26.14%가 민주당에 대한 적극 지지자의 비율로 추정된다. 다만 2017년 19대 대선은 2기 집권 교체기였음에도 탄핵으로 인한 보수분열로 다자대결이 이루어진 바람에 스윙보터의 표가 분산됨으로써 의미 있는 흐름이 표출되지 못했다.

한편 2002년 16대 대선이나 2012년 18대 대선과 같은 [1기 집권 후 교체기]에는 스윙보터의 표가 나뉘어 2~3%의 근소한 차이를 보였다. 2기 집권 교체기에는 스윙보터의 정부교체에 대한 의지가 두드러진데 반해, 1기 집권 교체기에는 스윙보터 사이에 종전 정부에 대한 유지성향과 교체성향이 나뉘고, 유지성향이 약간 우위에 서면서 이로써 2기 집권 패턴이 역사화 되었다.

2022년 대통령 선거와 2027년 대통령 선거에서 누가 승리할까?

2017년 19대 대선에서 보수 후보가 분열했다가 패배한 경험이 있기 때문에 2022년 20대 대선에서는 이른바 '제3지대 후보'는 없을 것이다. 즉 모든 보수후보가 국민의힘 경선에 참여하지 않더라도 적어도 보수 후보는 단일화 과정을 거쳐 보수당-민주당 양대 진영의 대결이 될 것이다. 만약 누군가가 제3후보를 고집하는 경우라면, 큰 이변 없이 민주당 후보가 승리할 것이다. 한편 1기 집권 후 교체기라는 점에서 스윙보터들 사이에서도 표가 갈려 2002년 16대 대선이나 2012년 18대 대선처럼 2~3%의 박빙의 승부가 벌어질 것으로 예측된다. 문재인 정부의 실패가 있다고 하더라도 지금까지의 역사적 경험으로 관찰된 통계적 패턴으로 볼 때, 2022년 대통령 선거에서는 민주당 후보가 당선될 것으로 추정된다. 이 글을 쓰고 있는 지금, 2021년 6월 13일자 머니투데이 뉴스가 「윤석열 지지율 40% 육박 … 이재명과 격차 더 벌어져」라는 제목으로 윤석열 39.1%, 이재명 26.2%의 지지율을 보도하고 있음에도 그러하다. 윤석열의 높은 인기에도 불구하고, 역사적으로 보였던 통계적 패턴에 따른다면 민주당 후보가 당선될 가능성이 더 높다. 다만 문재인 정부에 대한 철저한 자기비판과 미래에 대한 선명한 계획을 제시할 때에만 민주당의 집권이 가능하다. 그리고 2022년에 집권한 민주당 정부가 대단한 성공을 거둔다고 하더라도 3기 집권은 어려울 것이고, 결국 2027년 대선에서는 보수당이 승리할 것이다. 2021년 6월 국민의힘 당대표 선거에서 서른여섯 살의 이준석이 돌풍을 일으켰다. 아직 만 40세가 되지 않은 이준석은 대통령 후보가 될 수 없기에, 국민의힘 대선주자들은 단지 흥미롭게 그를 바라보았을 것이다. 하지만 2027년 대선에서라면 이준석은 '선거일 현재 40세에 달하여야 한다'라는 대한민국헌법 제67조 제4항의 제한으로부터 벗어날 것이며, 그는 2027년 대선에서 가장 유력한 대통령 후보가 될 것이다.

자, 그런데 도대체 이게 무슨 의미가 있을까? 이들은 과거의 정책 실패를 수정하지 않아도, 단지 상대 당을 비난하는 것만으로 10년을 주기로 집권하게 된다. 이들이 서로를 끊임없이 공격하는 것으로 보이지만, 그들은 사실상 공동으로 권력을 과점(寡占)하고 있는 셈이다. 그리고 주기적으로 지배권을 교체함으로써 결국 공동의 과점권력은 결코 탄핵되지 않는 결과에 이른다. 그렇다면 보수당–민주당, 양당의 정책실패는 어떻게 수정될 수 있을까?

양당체제에서 '양당의 실패'를 어떻게 해결할 수 있을까?

문재인 정부의 정치적 상징이었던 조국 전 법무부 장관의 가족사건, 즉 그 부인의 사모펀드 사건, 딸의 입학과 관련된 표창장 위조 사건과 아들의 입학과 관련된 허위인턴 사건 등으로, 공정에 관한 문재인 정부의 도덕적 순결이 깨트려졌다. 거기에다가 조국 장관에 대한 문제제기를 검찰개혁에 대한 저항으로 받아들이고 인사를 철회하지 않음으로써, 조국 수호를 정권의 명운으로 비화시켰다. 결국 조국 사태는 모든 정치적 이슈를 블랙홀처럼 빨아들였고, 문재인 정부와 민주당 국회는 민생문제를 사실상 소홀히 한 결과에 이르렀다. 거기에다가 박원순 서울시장과 오거돈 부산시장의 성추행 사건, 부동산 정책의 실패가 덧붙여지면서, 2020년 8월 중순에 미래통합당의 당지지율이 문재인 정부 이래 처음으로 민주당을 199주 만에 역전했다.

[2020년 8월 14일자 헤럴드경제 「통합당, '차라리 가만히' 있었더

니 … 지지율 진짜 올랐다』]

2020년 8월 중순에 미래통합당이 당지지율로 민주당을 199주 만에 역전했다. 리얼미터가 TBS 의뢰로 8월 10일~12일 전국 성인 1507명을 대상으로 실시한 조사 결과, 통합당의 지지율은 전주보다 1.9%포인트 오른 36.5%, 민주당의 지지율은 1.7%포인트 내린 33.4%였다. 통합당이 민주당을 오차범위(95% 신뢰수준에 ±2.5%포인트) 내에서 앞선 것이다. 김종인 비상대책위원장은 당명 변경 전의 자유한국당의 황교안 전 대표가 장외투쟁을 벌였던 것과 달리 '가만히 전략'을 구사한 것이 소기의 성과를 거뒀다고 분석했다.

또한 조국 낙마 뒤에 입각한 추미애 법무장관은 검찰개혁을 마치 윤석열 제거인 것 마냥 스스로 쟁점을 호도했고, 추미애-윤석열의 몇 달 동안의 대립은 국민들에게 극심한 피로를 안겼다. 추미애는 사실상 윤석열의 체급을 대선 급으로 늘려준 자충수를 둔 것이다. 급기야 윤석열 검찰총장을 직무에서 배제하고 징계를 청구했던 2020년 12월에 이르러서는 리얼미터의 여론조사 결과, 국민의힘의 지지율이 31.2%, 민주당의 28.9%로 앞도하기 시작했고, 이때부터 4-7 보궐선거의 결과가 사실상 예측되었다(2020. 12. 3.자 조선일보 「중도층이 여권을 떠나고 있다」).

'민주당의 박영선 후보가 여론조사에서 이기고 있다가 LH 직원들의 땅 투기 사건이 터지면서 지지율 하락이 촉발된 것'이라는 민주당 김용민 의원의 주장은 혼자만의 생각일 뿐이었다. 이미 보궐선거 몇 개월 전부터 민주당은 국민의힘에 뒤지고 있었고, LH 사건으로 패배가 확정되었던 것이다.

그런데 이런 방식으로 정권을 교체한다고 하여, 과연 우리 사회의 문제들이 해결될 수 있을까? 예를 들어 LH 직원들의 땅 투기 사건을 빌미로 민주당을 비토하고 국민의힘을 선택하면, 이러한 사건의 재발을 막을 수 있는 것인가? 이에 대해 LH를 해체하고 주택청을 설치하자는 주장에는 실소를 터뜨리지 않을 수 없었다. 이것은 박근혜 정부 당시 세월호 사건이 터지자 해경 해체를 주장했던 것과 마찬가지다. 어차피 신설된 주택청의 업무가 동일한 마당에 이름만 바꾸는 꼴이 될 텐데, LH에서 주택청으로 이름을 바꾸면 주택청 직원들의 도덕적 해이는 자연스럽게 해소할 수 있는가?

애초에 공직자의 이해충돌 방지에 관한 기본법조차 마련되지 않은 것이 문제의 출발점이었다. 그리고 8년 전, 그러니까 박근혜 정부 때에 공직자 이해충돌방지 법안이 발의되어 지금까지 묵혀 있었다는 사실도 상기해야 한다. 비슷한 종류의 국회의원 이해충돌방지법은 국회의원들 자신에 관련된 법안인 탓에 오래 전부터 표류해 왔다. 해방 이후부터 개발정보에 가까이 있었던 국회의원이나 지방의원 또는 임명직 공무원 등의 불법적인 정보이용은 오랫동안 그리고 노골적으로 누적되어 왔고, 결국 LH 사태로 폭발하였다.

[2021년 3월 25일자 KBS 청주 「개발 지역에 지방의원들 땅 소유.. "선출직 조사해야"」]

[앵커]

산업단지나 도시개발 예정지에 토지를 보유한 지방의원들은 얼마나 되는지도 살펴봤습니다. 길게는 수십 년, 짧게는 불과 1년여 전부터 소유하고 있는 것으로 나타났는데요. 산업단지 계획 승인을 불과 몇 달 앞두고 매입한 사례도 확인됐습니다. 송근섭 기자가 취재했습니다.

[리포트]

청주 넥스트폴리스 산업단지 개발 예정지입니다. 조립식 주택이 여러 채 지어져 있습니다. 이 땅의 주인은 청주시의원 A씨의 남편입니다. 시의원 남편은 2019년 12월, 땅을 사들였습니다. 그리고 7개월 뒤, 산업단지 개발 계획 승인이 났습니다. 일대가 개발 행위 허가 제한지역으로 지정되기 한 달 전, 땅을 여러 개 번지수로 나누기도 했습니다. 또 다른 청주시의원 B씨가 2016년 사들인 땅도 넥스트폴리스 개발 예정지에 포함됐습니다. 지방의원들이 수십 년 전부터 소유하고 있던 땅이 각종 개발 사업의 수혜를 보기도 했습니다. 청주시의회 의장을 지낸 C씨는 오송 제3 생명과학단지 예정지에 논과 밭 등 만 4천여 ㎡를 소유하고 있습니다. 전 음성군의회 의장의 땅도 맹동 인곡산업단지에 포함돼 일부는 충북개발공사에 매각했습니다. 충청북도의회에서도 도의원들이 가진 땅이 각종 도시개발사업 대상지로 지정된 사례가 확인됐습니다. 한 도의원은 개발지역 근처 땅을 나누고 용도를 변경해, 땅값이 3년 새 6배 가까이 오른 것으로 나타났습니다. 시민단체는 부동산 투기 의혹에 대한 조사를 선출직까지 확대해야 한다고 강조합니다.

[이선영/충북참여자치시민연대 사무처장 : "지구 단위 계획이나 정보들을 밀접하게 접할 수 있는 분들이 공무원뿐만 아니고 단체장이나 선출직 공직자들은 용이하게 정보를 얻을 수 있는 상황입니다."]

[리포트]

한편 해당 지방의원들은 모두 투기 관련 의혹을 부인하거나, 연락을 받지 않았습니다.

[2021년 4월 20일자 머니투데이 「영끌 대출로 산 땅, 2주 뒤 개발 발표... '30억 시세차익' 전직 시의원」]

인천에서 미공개 도시개발계획 정보를 이용해 30억 원 가까운 시세차익을 노린 혐의를 받는 전직 인천시의원에 대해 구속영장이 청구되었다. 2021년 4월 19일 오후 2시 30분 인천지법에서 예정된 구속 전 피의자 심문(영장실질심사)을 받기 전 "땅 투기 한 혐의를 인정하나"는 질문에 "아니오"라고 짤막하게 답했다. … 그는 2017년 8월 7일 인천시의회 건설교통위원회 위원장으로 재직하던 시절 인천 서구 백석동 일대 밭 1필지(3435㎡)를 19억 6000만 원에 매입했는데, 매입 2주 뒤 한들도시개발 사업지구로 발표됐고, 이후 A씨는 한들지구 일대 부지를 대신해 시가 50억 원 상당인 상가 부지를 환지방식으로 보상받은 것으로 파악됐다. 아울러 그는 2019년에도 '광로3-24호선'

도로 건설 사업 발표 이전에 서구 금곡동 일대 땅 4필지를 전직 국회의원의 형 등과 공동 매입한 것으로 알려졌다.

LH 직원들이 차명도 아니고 버젓이 자기 이름으로 땅을 샀다는 사실은 그들에게 처벌에 대한 두려움이 전혀 없었다는 것을 뜻한다. 공직자들의 도덕적 해이가 어느 정도에 달했는지, 그리고 이들의 위법성 인식이 얼마나 둔감했는지를 절감하게 한다. 이해충돌에 관한 기본법의 핵심은 이해충돌에 관하여 사후적으로 처벌하는 것에 앞서서 이러한 부패를 미리 방지할 수 있어야 한다는 것이다. 문제된 공직자들은 모두 투기가 아니라고 변명했고, '공직자는 투자도 못 하냐'고 반박했다. '투기냐, 투자냐'가 핵심이 아니라, 해당 개발정보가 비밀성을 가지는지 그리고 그러한 정보를 이용하여 매수를 하였는지 여부가 관건적 쟁점이다. 결국 이 문제를 해결하려면 이해충돌 대상에 관한 포괄적인 사전고지 의무를 입법함으로써, 이해충돌에 대한 입증부담을 완화시켜야 한다. 이렇게 하지 않으면 이해충돌의 인과관계, 즉 정보의 비밀성 및 정보이용의 인과관계를 입증하지 못해 처벌하지 못하게 되고, 처벌되지 않는 사례가 누적되면 예방효과는 저감될 수밖에 없게 된다. 이에 대해 공직자를 잠재적 범죄자로 보는 것이라는 반론이 있는데, 공직자들의 부패도가 높았던 역사적 경험에 비추어 오히려 고도의 의무를 부과해야만 도덕적 해이를 미연에 방지할 수 있다.

어찌 되었든지 이해충돌기본법의 통과를 지체했던 보수당은 LH

사태를 빌미로 민주당을 비난할 수 없으며, 오히려 그들은 이러한 사태를 초래한 본범이자 주범(主犯)이다. 그렇다고 하여 이런 이유로 민주당을 옹호해서도 안 된다. 요컨대 2개의 당이 문제를 해결하지 못하고 마냥 서로를 비난만 하면서 그것을 이유로 정권 획득에만 골몰하는 이 상황에서, 시민들은 어떻게 해야 하는가가 사태의 핵심이다. 도대체 양당체제에서 양당(兩黨)의 실패를 어떻게 해결할 수 있을까?

2개의 당이 해결하지 못하는 대표적인 문제가 주택정책이다. 문재인 정부 들어 서울 아파트값의 상승률이 52%로 이명박–박근혜 때와 비교하여 2배에 이른다고 한다(2020. 6. 23.자 연합뉴스 「문정부 서울 아파트값 상승률 52%..이명박–박근혜 때의 2배」).

[[2020년 12월 22일자 뉴스1 「경실련 "2.6억 오른 경기아파트값, 盧文 정부 때 2.5억 올랐다"」]

경제정의실천시민연합(경실련)은 2020년 12월 22일 기자회견에서 경기도 아파트 가격이 2003년 이후 노무현·문재인 정부에서 가장 많이 올랐다고 발표했다. 경실련에 따르면, 경기도 내 아파트 3.3㎡당 가격은 2003년 656만 원에서 2020년 11월 1525만원으로 869만 원(132%) 상승했고, 이를 전용면적 84㎡(30평대) 아파트 가격으로 환산하면 2003년 2억 원이던 아파트는 현재 4억 6000만 원으로 상승했는데 상승분 가운데 96%에 해당하는 2억 5000만 원이 노무현, 문재인 정부에서 올랐다고 경실련은 주장했다. 경실련 조사결과 경기도 아파트값은 노무현 정부에서 1억 1000만 원, 문재인 정부에서 1억 4000만 원이 올랐다. 반면 이명박 정부에서는 3000만 원 하락했고, 박근혜 정부에서는 4000만 원 올랐다고 한다.

노무현-문재인 정부의 아파트값 상승률이 이명박-박근혜 때보다 더 높았다는 이유로 보수당이 민주당을 비난하지만, 사실 현재의 주택문제 원인을 제공한 주범 역시 보수당이다. 주택에 관한 보수당의 기본정책은 신도시개발로 주택의 공급량을 늘리고, 임대주택으로 공급문제를 해결하려는 것이었다. 이러한 전제에서 다주택자 또는 법인의 주택소유를 용인하여 이를 임대공급으로 돌리고, 공공임대주택을 더 많이 늘리겠다는 것이 양당의 공통된 정책이다.

[2020년 12월 11일자 이데일리 「文대통령 "굳이 집 소유하지 않아도 되게. … 주거 사다리 만들어야."」]
LH 한국토지주택공사가 공공임대주택 100만 호 준공을 기념해 건설한 화성동탄 행복주택 단지를, 문재인 대통령이 2020년 12월 11일 방문해서 젊은 층이 선호하는 복층 주택과 3인 가구용 투룸 주택을 둘러본 뒤 "굳이 자기가 자기 집을 소유하지 않더라도 임대주택으로도 충분히 좋은 주택으로도 발전할 수 있는 주거 사다리랄까 그런 걸 잘 만들어야할 것 같다"고 강조했다.

다만 노무현-문재인 정부는 보수당과 다르게 집값을 잡기 위해 대출을 규제했는데, 의도와는 다르게 오히려 집값의 폭등을 초래했고, 비규제지역에 대한 풍선효과로 부동산 가격 상승을 전방위적으로 확대시켰다. 왜일까? 갭 투자에 의한 부동산투기를 막겠다는 대출규제는 실소유자의 구매를 불가능하게 했고, 현금 부자만이 아파트를 살 수 있는 상황으로 귀결되었다. 2021년 6월 4일, 서울 서초구 반포동에서 분양한 '반포 래미안 원베일리'에 3만 6116명의 청약자가 몰려들었다. 경쟁률은 평균 161.2대 1이다. 이 단지는 분양가가 시세 대비 10억 원 이상 저렴해 '10억 로또'로 불렸다. 당첨되기만 하면 '10억을 번다'는 의미다. 그러나 당첨의 기회를 얻을 수 있는 사람은 한정됐다. 분양가가 9억 원을 넘어 중도금 대출이 불가능해서다. 자력으로 분양가 전액을 납부할 수 있는 현금부자들에게만 기회가 주어졌다.

[2021년 6월 4일자 머니투데이, 「10년 벌어도 못 사는 집, 누구는 단돈 1000만 원 차익에도 산다」]

경기도와 지방의 1억 원 대 아파트를 중심으로는 '단타' 거래도 기승을 부리고 있다. 저금리로 유동성이 넘치는 중에 투자처를 찾는 단타족들이 부동산 시장으로 들어오는 것. 작년 1월부터 11월까지 아파트 등 집합건물의 '전국 매매 신청 매도인 현황'에 따르면 보유기간이 1년 이하인 거래건수는 6만 5000여 건으로 재작년 대비 75% 증가했다. 부동산업계 관계자는 "다주택투자자들은 취득세, 양도세, 중개수수료 등을 제하고 500만~1000만 원이라도 수익이 난다고 판단하면 일단 매입에 나서고 있다"며 "주로 공시가 1억 원 미만 아파트가 타깃이며 갭이 1000만 원 내외인 경우가 많다"고 말했다.

한은에 따르면 도시에 살며 평균적인 소득을 버는 근로자가 대출 없이 수도권의 집 한 채를 마련하려면 적어도 11년이 걸린다. 올 1분기 기준 수도권의 소득 대비 주택가격 비율(PIR)은 10.4배로 나타났다. 글로벌 금융위기 이전 고점인 8.6배(2007년 1분기)를 크게 웃도는 수치다. 서울의 경우 17.4배에 달했으며 지방도 4.9배로 직전 고점 4.4배(2017년 2분기)를 넘어섰다. 총부채원리금상환비율(DSR) 규제가 강화되어, 소득이 적을수록 대출 한도가 줄어든다. 결과적으로 한도가 덜 나오는 서민들의 내 집 마련은 더욱 어려워지고 대출 한도가 커지는 고소득자, 현금부자들의 부동산 투자는 더욱 수월해지게 되었다.

이러한 사태는 무주택 서민들을 소유에 대한 불안에 빠지게 하였다. '굳이 자기 집을 소유하지 않더라도 임대주택으로 충분하다'는 문재인 대통령의 말은 서민들로 하여금 '나는 임대주택이나 전전하며, 집을 소유할 자격도 없는 건가?'라는 자괴감과 결핍감을 주었다. 30년 동안의 자산 상승률, 인플레이션 등 그 어떤 지표보다 주택가격 상승률이 압도적으로 높다는 사실은 '벼락거지'라는 극도의 불안감을 초래했고, 이러한 불안감은 주택수요의 폭증으로 귀결되었다. 이로 인해 20-30대의 아파트 영끌 매수가 폭발하였다.

[2021년 4월 18일자 디지털타임스 「젊은층 아파트 영끌 매입 …

30~40대 1년 새 매매거래 69% 증가」]

영끌(영혼까지 끌어모음)·빚투(빚내서 투자)를 통해 아파트를 매입한 젊은 층이 늘어나면서 1~2인 가구의 주택 소유자가 큰 폭으로 증가했다. 특히 지난해 20대와 30~40대의 아파트 매매거래가 1년 새 배 이상 증가했다. 지난해 30~40대 아파트 매매거래는 2019년 대비 69% 늘었다. 18일 KB금융지주 경영연구소가 발표한 '주택소유통계로 본 주택시장 변화' 보고서에 따르면 2018년 대비 보유 주택수가 증가한 사람은 2019년 말 기준 124만 명에 달한다. 이 가운데 30대와 40대가 가장 큰 비중을 차지했다. 2019년 주택 소유건수가 1건 증가한 사람은 95%로 대다수였다. 연령 대로 보면 2018년 대비 주택수가 증가한 사람은 30대와 40대가 각각 24%, 26%로 가장 많았다.

애초에 '가난한 사람들은 임대주택에 만족하면 된다'는 발상은 보수당 주택정책의 시발점이었다. 2008년 모기지론 사태로 인해 세계적인 금융위기를 촉발시켰던 미국 공화당의 주택정책이기도 했다. 이로부터 다주택자와 법인의 주택소유가 용인되었던 것이다. 다주택자와 법인 소유의 주택을 임대주택으로 전환시켜 세제혜택을 주었고, 이로써 주택공급량을 늘리려고 했던 것이다. 그런데 도대체 법인이 주택을 소유해야만 하는 이유가 무엇일까? 왜 정부는 극도의 소수가 공급 주택의 상당 부분을 소유하는 것을 방치함으로써 거주의 목적물인 집이 이윤추구의 대상물로 바뀌게 되는 것을 방임했을까?

[2021년 4월 7일자 매일경제 「2030 영끌 매수 옳았다 … 서울 아파트 1.5억 원 '쑥'」]

지난해 영끌에 대한 정부의 우려에도 서울 아파트 매수에 나선 20·30대의 판단이 적어도 현재까지는 시장 흐름을 제대로 읽은 것으로 결론이 났다. 7일 부동산 조사기관별 서울 아파트 평균 매매가격에 따르면 서울 아파트는 지난해 7월과 비교했을 때 매매가격이 최대 15.7% 오른 것으로 조사됐다. 지난해 7월은 한국부동산원이 연령대별 월간 아파트 매매 통계 집계를 시작한 2019년 1월 이후 30대 이하의 서울 아파트 매수가 가장 많았던 시기다. 지난해 7월 30대 이하의 서울 아파트 매수 건수는 5907건이다. 같은 해 4월 1183건 대비 5배가량 급증했다.

2030 세대의 아파트 영끌(영혼까지 끌어 모은 투자)로 아파트 가격이 올랐다고 해서, 정부가 집값을 누르는 것으로 대응해서는 안 된다. 소유에 대한 그들의 욕망은 정당하며, 잘못된 정책으로부터 기인한 심리적 불안의 결과이다. 주택정책은 근본적으로 수정되어야 하며, 공공임대주택의 공급량을 늘리는 것으로 지금의 사태를 해결할 수 없다. 임대가 아닌 소유의 가능성을 주택정책의 기본 전제로 삼아야 하고, 법인의 주택 소유를 금지하고, 주택의 다수 보유를 규제하는 것으로 정책의 방향을 바꾸어야 한다.

대중은 항상 권력 바깥에 머무를 수밖에 없는 것일까?

2개 정당의 정책이 근본적으로 잘못되었을 때에, 현재의 양당체제-대통령제 아래에서는 사태의 근원을 해결할 방법이 없다. 윤석열이 대통령이 된다면 지금의 문제들을 해결할 수 있을까? 아니면 이재명이 대통령이 되면 그렇게 할 수 있을까? 도대체 시민들은 무기력하게 방관할 수밖에 없는 것일까?

'파레토 최적이론'으로 유명한 이탈리아의 경제학자 빌프레도 파레토(Vilfredo Pareto)가 「이탈리아 사회학 논총」에 「Un applicazione di teorie sociologiche」(이론사회학의 적용) ('엘리트 순환론'으로 번역)이라는 논문을 1901년에 기고했다. 여기서 그는 인류의 역사란 권력을 장악한 지배 엘리트와 새롭게 권력을 도모하려는 비지배 엘리트 사이에서 권력이 교체되는 과정이라고 논파했다.

인간의 역사는 특정 엘리트가 연속적으로 교체되는 역사이다. 한 엘리트가 부상하면 다른 엘리트는 쇠퇴한다. … 새로운 엘리트는 자신이 모든 피억압계층을 통솔하는 책임을 떠맡고, 자기 자신만의 선을 추구하는 것이 아니라 다수의 선을 추구한다고 천명한다. 또 새로운 엘리트는 일부 제한적인 계층의 권리를 위해서가 아니라 전체 시민의 권리를 위해 싸운다고 천명한다(38). … 이러한 점은 로마제국에서 평민과 귀족이 치른 투쟁의 역사에서 고스란히 나타났으며, 부르주아계급이 봉건 귀족을 누르고 승리한 역사에서도 똑같은 현상이 나타났다(39). … 오늘날 민중이 지배계급의 선두에 서게 된다고 믿는 경우가 있는데 이것은 일종의 환상이다. 지배계급의 선두에 서 있는 사람은 민중에 기대어 있는 미래의 새로운 엘리트이다(119). … 여느 때처럼 새로운 엘리트는 가난하고 가련한 자에게 기대었다. 여느 때처럼 이들은 자신들에게 한 약속을 믿는다. 여느 때처럼 그들은 속고 있으며, 예전보다 훨씬 더 무거운 멍에를 어깨에 지게 된다(137). … 1789년 혁명도 자코뱅 독재를 낳았고 제국주의 전제정치로 마감되었다. 이러한 현상은 항상 일어나는 일이며, 그런 사건의 통상적인 경로가 지금이라고 바뀔 하등의 이유가 없다. … '부유한 자도 가난한 자도 없는 세상, 폭군도 노예도 없는 세상, 잘난 인물도 못난 인물도 없는 세상, 왕이나 지도자가 없는 세상, 모든 것이 공평한 세상'이 올 거라고 약속한 날로부터 수많은 세월이 흘렀다. 불쌍하고 가련한 사람들은 아직도 이러한 약속이 실현되기를 기다리고 있다(138). (밑줄은 인용자)

2016년 촛불혁명을 주도했던 시민들의 힘으로 문재인의 민주당 정부가 들어섰다. 박근혜가 탄핵되고 문재인이 대통령에 당선되었을 때에, 대한민국이 새로운 나라로 나아갈 것 같은 환상에 빠졌었다. 그런데 집권 5년차에 이르러 수많은 문제들이 터져 나왔고, 숱한 무능력을 보였다. 1789년 프랑스혁명을 진전시켰던 실제 동력이 도시 소시민 중심의 과격 공화파인 '상퀼로트'(Sans-culotte)였던데 반하여, 혁명 권력은 지롱드, 자코뱅 등의 부르주아들에 의해 장악되었고, 결국 자코뱅 독재로 귀결되었다. 1917년 러시아 혁명의 동력이 소비에트의 프롤레타리아와 농민이었음에도 혁명 권력은 볼셰비키에 의해 장악되었고, 결국 스탈린의 전체주의 체제로 귀결되었다. 이처럼 대중은 혁명의 동력으로 소진되는 것으로 그 역할을 다하고, 혁명의 열매는 새로운 엘리트가 차지했으며, 새로운 엘리트는 다시 구(舊) 엘리트가 되어 버렸다.

'권력은 항상 엘리트(Elite) 사이에서 교체되고, 대중(mass)은 항상 권력 밖에 머물러 있다'는 빌프레도 파레토의 비관적 전망은 깨어질 수 없는 것인가?

대의제는 민주주의가 아니다

1장

'민주주의의 위기'는 무엇인가?

통제할 수 없는 엘리트와 무기력한 시민

유고슬라비아 출신의 정신분석학자인 슬라보예 지젝(Slavoj zizek)은 「민주주의에서 신의 폭력으로」라는 팜플렛에서 '민주주의는 소외를 최소화할 것을 전제로 하므로, 권력을 행사하는 자들은 그들 자신과 민중 사이의 재현을 위한 공간이 최소화될 때에만 민중에게 책임을 질 수 있다'고 논평한 바 있다(192). 그런데 현실의 정치는 시민을 소외시키고 있으며, 권력을 행사하는 자들과 그 통치를 받는 시민 사이에는 도저히 좁힐 수 없는 엄청나게 큰 간극이 있다.

[2021년 4월 8일자 오마이뉴스] 「'이건 예산낭비' 참다못한 국민이 나섰다」

2021년 4월 1일 청와대 게시판에 경남 거제시 수양동 주민자치회가 국민청원을 하였다. 지방하천 정비사업과 생태하천 복원사업이 각각 따로 추진되는 바람에 효율성이 떨어지고 예산낭비를 초래하고 있으니, 동시에 추진해야 한다는 것이었다. 지방하천 정비사업은 홍수나 가뭄 등 물로 인한 재해를 예방하는 사업이고, 생태하천 복원사업은 생물서식 환경과 물의 건강성을 회복하는 사업으로, 국토교통부와 환경부가 각각 사업을 발주하는 바람에 서로 사업영역이 중복되어 예산낭비를 초래한 것이다. 두 사업을 동시에 시행할 경우 이중 굴착공사를 방지하고 중복되는 사업비를 절감할 수 있으며, 또 하천 정비사업 준공 이후 생태하천복원사업을 또다시 추진함에 따라 지연되던 공사를 조기에 마무리 지을 수 있고, 하천 인근 주민들은 분진과 소음 등으로 받는 피해도 줄일 수 있다는 것이 청원의 골자였다.

[2021년 4월 9일자 비마이너] 「장애계 "오세훈, 정책 수용 때까지 수단·방법 가리지 않고 투쟁" 선포」

2021년 4-7 서울특별시장 보궐선거를 앞두고, 4월 3일 국민의힘 오세훈 후보가 장애인협회를 찾았다. 장애인협회 대표는 그동안 30번이 넘게 협회의 요구안에 관한 공문을 보냈는데 답이 없고 못 봤다고 했으니, 이제 직접 드릴 테니 더 이상 못 봤다는 말씀을 하지 말아달라고 부탁했다. 그런데 오세훈 후보가 요구안을 들고 협회대표와 사진을 찍고 나서, 그 요구안을 장애인협회 대표에게 돌려주었다. 그러자 장애인협회 대표가 '이것을 왜 돌려주느냐 가져 가셔야지' 라고 말하면서 돌려주었는데, 이 동영상이 유행했다. 오세훈 후보가 서울시장에 당선된 이후 단체 측이 정책 면담을 요청했으나 성사되지 않았고, 직접 전달된 정책요구안에 대해 연락이 없었다. 이에 서울장애인차별철폐연대 등 장애인권단체는 2021년 4월 9일 '오시장이 면담에 나서고 11개 장애인정책을 수용할 때까지 강경하게 투쟁할 것'이라고 선포했다.

위와 같은 문제는 보수당만의 문제도 아니고 민주당만의 문제도 아니며, 특정 정부 부처 혹은 특정 정치인만의 문제도 아니다. 현재의 정치엘리트, 즉 통치하는 자들 전반의 문제이다. 그리고 우리나라뿐 아니라 각국의 현대 민주주의에 공통된 문제이다. 시민의 청원에 정부, 자치단체 또는 정당이 응답하지 않을 때에, 도대체 시민들은 무엇을 할 수 있을까? 피켓을 들거나 인터넷 댓글을 쓰거나 국회의원에게 문자폭탄을 보낸다. 그나마 취할 수 있는 가장 위력적인 행동이 다음 선거에서 다른 정당에 투표하는 것이다. 하지만 다른 정당에 투표했는데도, 별반 다를 게 없다면 이제는 어떻게 해야 할까?

[2021년 4월 23일자 쿠키뉴스 「"이럴 거면 표 안줬다".. 20대, 사면론에 '부글부글'」]
4·7 재보궐선거에서 승리를 거둔 오세훈 서울시장과 박형준 부산시장은 더 적극적인 행동에 나섰다. 문 대통령을 만나 사면을 직

접 건의한 것. 지난 21일 오세훈·박형준 시장은 문 대통령의 초청으로 청와대에서 오찬을 가졌다. 박 시장은 이 자리에서 '국민 통합'을 언급하며 두 전직 대통령의 사면을 건의했다. 오 시장도 같은 요구를 전달하려고 했던 것으로 알려졌다. … 이러한 소식이 알려지자 20대 다수가 "이러라고 투표한 게 아니다"고 분노를 터뜨렸다. 4·7 서울시장 보궐선거에서 진보적 성향이 강했던 청년층은 국민의힘 후보였던 오세훈 시장에게 높은 지지를 보낸 바 있다. … 오 시장에게 투표했다고 밝힌 A씨(26·남)는 "믿었는데 달라진 게 없다. 보란 듯이 사면을 꺼내 들었다"며 "1년이라는 짧은 임기를 가진 시장들이 대통령에게 건의할 게 그렇게 없었는가. 두 전직 대통령의 사면으로 민생이 안정될 것이라고 보는 것인가. 시급한 현안이 많은데도 불구하고 사익만 추구한다"고 비판했다. … 야당이 사면의 근거로 내세운 '국민 통합'에도 공감하지 못했다. C씨(23·여)는 "두 사람을 사면한다고 해서 어떻게 국민 통합이 이뤄질 수 있는지 이해하지 못하겠다"며 "외려 국민의힘이 국민 분열을 부추기는 것 같다"고 했다. … '형평성' 문제도 제기됐다. 범죄를 저지른 사람을 '전직 대통령'이라는 이유로 석방하는 것은 특혜라는 것이다. 대학생 E씨(23·여)는 "대통령 안 해본 사람은 억울해서 살겠나"라며 "'대통령 예우'라는 말 자체가 특혜로 읽힌다. 국민에게 어떤 이득이 되는지 모르겠다"고 했다.

[2021년 4월 26일자 한국일보 「박형준, 이명박·박근혜 사면 말한 날'부터 민주당 지지 응답 늘었다」]

한국사회여론연구소(KSOI)가 TBS방송의 의뢰로 23~24일 이틀 동안 전국의 성인 1,010명을 대상으로 조사해 26일 발표한 여론조사 결과(표본오차 95% 신뢰수준에서 ±3.1%)에 따르면, 더불어민주당은 직전 주보다 1.9%포인트 오른 30.9%의 지지를 얻었다. 같은 조사에서 국민의힘은 직전 주보다 4.9%포인트가 빠져 29.1%로 조사됐다. … 20일까지만 해도 민주당 지지 응답은 26.5%에 머무르고 있었는데, 21일 29.8%, 22일 33.8%까지 치솟았다. 국민의힘은 38.7%에서 35.8%까지 내려앉았다. 눈에 띄는 변동이 시작된 21일은 박형준 부산시장이 문재인 대통령의 초청을 받아 청와대에서 만난 이명박·박근혜 두 전직 대통령의 사면을 에둘러 언급한 날이다. 이후 국민의힘 원내대표 후보들도 "사면했으면 좋겠다"는 취지의 발언을 했다.

2021년 4-7보궐선거에서 보수당에게 표를 몰아주었던 스윙-보터의 뜻은 '민생을 살펴 달라'는 것이었다. 2021년 4월 8일자 한겨레신문의 한 기사에서 어느 시민은 "오세훈을 지지해서가 아니라 '민주당만 아니면 된다'는 생각에 찍었다"고 한다. 따라서 선거에서 당선된 통치자는 선거기간 동안에 표를 구하기 위해서 함께 사진을 찍었던 유권자들을 떠올리고, 그들을 위한 정책을 실현하기 위해 몰두해야 한다. 그럼에도 유권자의 의사에는 아랑곳하지 않고, 이명박과 박근혜의 사면에 집중했다. 이명박과 박근혜를 사면하면 시민들의 삶이 어떻게 나아지는 걸까? 그들을 사면하면, 분열된 국민이 통합된다는 논리는 어디에 근거한 것인가? 범죄를 저질렀는데 권력자였다는 이유만으로 사면한다면, 법집행의 형평성은 어떻게 확보할 수 있을까? '봐라! 보수당을 찍은 너희들이 바보다'라고 민주당 지지자가 비웃을 수도 있다. 하지만 비슷한 이유로 지난 선거에서 민주당을 찍었다가, 지금의 상황에 이르게 된 것이다. 이제 어떻게 해야 할까?

현대 민주주의의 위기는 정치엘리트가 부패하고 무능한 모습을 보일 때에 시민들이 통제할 수 없다는 데에 있다. 과연 우리는 주권자인가? 대한민국헌법 제1조는 '모든 주권은 국민에게 있다'고 규정하고 있다. 그러나 이 조항은 '주권의 소재'에 관한 규정에 불과하다. 실제로 국민은 통치자를 선출할 권한밖에 없으며, 주권(主權), 즉 법집행의 강제력으로서의 권력은 선출된 통치자가 행사한다. 심지어 선출된 통치자는 다음 선거에서 정치적으로 책임을 질뿐이며, 자신을 뽑은 유권자의 의사에 기속되지 않는다.

대의제와 무기속위임(자유위임)의 원칙

한국 헌법학계의 산 증인으로 불리는 김철수의 「헌법학개론」은 간접민주주의, 대의민주주의 그리고 의회주의를 다음과 같이 설명하고 있다.

근대의 민주주의는 간접민주주의(間接民主主義, Indirect Democracy)

를 주류로 하며, 이를 대의민주주의(Representative Democracy)라고도 부른다. 대의민주주의는 의회제를 제도적 장치로 두는데, 의회는 국민의 선거로 선출된 의원을 그 본질적 구성요소로 하는 합의체 기관이다. 의회주의(Parlamentarismus)는 민주적으로 선출된 합의기관에 의하여 다수결원리로써 국가의 중요정책을 결정하고 입법하는 제도로, 대의민주주의의 다른 표현이다(873).

근대 헌법이 국민주권의 원리와 대의제 민주주의를 기본원리로 채택하고 있다는 것이 대부분의 견해이며, 대한민국헌법에 대한 해석도 마찬가지다. 또한 선출된 국회의원이 유권자로부터 기속되지 않는다는 무기속위임(자유위임, free mandate)이 원칙이라는 것도 다수의 의견이다. 헌법재판소 또한 '공무원은 국민전체에 대한 봉사자이며, 국민에 대하여 책임을 진다'는 대한민국헌법 제7조 제1항, '국회의원은 국회에서 직무상 행한 발언과 표결에 관하여 국회 외에서 책임을 지지 아니 한다'는 제45조, '국회의원은 국가이익을 우선하여 양심에 따라 직무를 행한다'는 제46조 제2항의 규정들을 근거로, "헌법이 국회의원을 자유위임의 원칙하에 두었다"고 판시하였다(헌법재판소 1994. 4. 28. 92헌마153 결정 [판례집 6-1, 415, 425~426]).

근대의 국민대표제와 자유위임의 원칙은 의회제의 모국인 영국에서 17세기경부터 시작되어 18세기에 확립되었다. 명예혁명을 계기로 의회의 국정상의 지위가 상승하면서, 과거와 같은 계급적 특수이익을 대표하는 기관이 아니라 전 국민 또는 국가의 이름으로 국민의 일반 의사를 표명하는 국가권력기관의 지위를 갖게 되었다. 에드먼드 버크(Edmund Burke)는 1774년 브리스톨 연설에서 '의회는 공통의 이익을 위한 전 국민의 합의체이며 의원은 일단 선출되면 전 국민을 대표하여 독립적으로 행동하고 자신의 양심에만 책임을 진다'고 표현함으로써, 의회의 국민대표성과 자유위임의 원칙을 천명했다.

1789년 프랑스 대혁명의 시기에 프랑스 의회의 법적 대표성에 관하여 주권자로서의 국민의 관념에 대한 논란이 있었다. 장 자크 루소(Jean Jacques Rousseau)의 인민(peuple)주권론과 이마누엘 시에예스(Emmanuel Sieyes)의 국민(nation)주권론이 그것이다. 루소는 사회계약에 참가하는 시민의 총의로써 국가의사를 결정해야 한다고 생각했고, 그래서 직접민주제를 원칙으로 하고 예외적으로 명령적 위임(기속위임)에 의한 의회제를 상정하였다. 반면 시에예스의 국민주권에 있어서는 주권의 주체가 인민과 구별되는 국적 보유자의 총체로서 시민의 총체보다 한층 더 추상적인 관념이었다. 이러한 두 원리의 구별은 프랑스 혁명의 역사적 대항관계 속에서 출발한 것으로, 1791년 프랑스헌법은 시에예스의 국민주권론에 입각하여 의원의 국민전체의 대표성과 함께 명령적 위임의 금지를 규정하게 되었다. 한편 독일의 경우에도 1850년 프로이센헌법, 1871년 비스마르크헌법, 1919년 바이마르헌법에서 의원의 국민전체의 대표자 지위와 자유위임의 원칙을 명시하였다. 전후의 독일연방기본법 제38조 제1항도 "의원은 전 국민의 대표자로서 명령과 지시(Auftrage und

Weisungen)에 구속되지 않으며 오직 자신의 양심에만 따른다"고 규정하였 다(정만희, '국회의원의 정당기속과 자유위임' [헌법재판연구 제2권제1호(2015)] 127~129).

다시 원점으로 돌아가서, 시민의 청원에 정부, 자치단체 및 정당과 정치인들이 응답하지 않는다고 하더라도, 그러한 부작위는 현행 헌법 에 위배되지 않는다. 그러한 부작위가 그의 양심에 비추어 반대되기 때문인지, 아니면 단순한 게으름 때문인지 혹은 자신의 이해관계와 부딪히기 때문인지 등의 이유를 묻지 않고, 통치자는 시민에 대하여 기속되지 않는다. 앞서 현대 민주주의의 위기는 정치엘리트가 부패하 고 무능한 모습을 보일 때에 시민들이 그들을 통제할 수 없다는 것 이라고 했는데, 무기속위임 원칙에 바탕을 둔 대의제는 민주주의라 는 이름으로, 국민주권이라는 이름으로 위와 같은 모순을 정당화 하 고 있다.

프랑스 파리 제8대학의 철학교수 자크 랑시에르(Jacques Ranciere)는 「민 주주의는 왜 증오의 대상인가」라는 저작에서 민주주의 사회라는 통치 형태에 대해 다음과 같이 지적했다.

'민주주의 사회'는 바람직한 통치의 그러그러한 원리를 지지할 것 을 예정하고 있는 환상적인 그림에 지나지 않는 것이다. 어제의 사회 와 마찬가지로 오늘의 사회도 과두제의 게임에 의해 운영되는 것이 사실이다. 그리고 정확히 말해 민주적 통치는 존재하지 않는다고 할

수 있다. 다수에 대한 정부의 권력행사는 항상 소수에 의해 이루어

지고 있다(116).

과연 민주주의는 바람직한 통치원리일까? 자크 랑시에르의 지적처

럼 민주주의 사회는 '환상적인 그림'에 불과한 것은 아닐까?

2장

민주주의에 관한 공화주의적 착각

민주주의는 과연 올바른 정치체제인가?

'정치'를 '재화의 생산과 분배, 문화의 창조와 향유 등에 관하여 규칙을 정하고 미래에 대해 계획하는 것'이라고 정의한다면, 정치를 수행함에 있어서 일정한 지식과 전문성을 필요로 한다는 사실을 부인할 수 없다. 따라서 시민 전체가 정치를 하려면 시민 모두에게 그에 걸 맞는 지식과 경험이 공유되어야 한다. 따라서 그러한 지식과 경험이 전제되지 않을 때에는 다수의 폭민(暴民)에 의한 정치가 유발될 수 있다. 아리스토텔레스는 그의 「정치학」(Politika)에서 이것을 민주정의 타락한 정체(政體)로서 중우정치(mobocracy)라고 불렀다. 적어도 그러한 의미에서 플라톤과 아리스토텔레스의 민주주의가 지식을 갖춘 귀족에게만 한정했던 것을 마냥 비난할 수만은 없다. 민주주의의 진척은 인류 지성사의 발전에 비례하는 것이기 때문이다. 심지어 군주제에 갇혀 있던 유럽을 개화하고자 「미국의 민주주의」를 저술했던 당대의 민주주의자 알렉시스 드 토크빌(Alexis de Tocqueville)도 이런 메모를 남겼다.

> 나는 머리로는 민주주의 제도를 좋아하지만, 본능적으로는 귀족주의자이다. 다시 말해서 나는 군중을 업신여기며 두려워한다. 나는 자유, 권리 준수를 진심으로 좋아하지만 민주주의는 좋아하지 않는다(「Euvres complètes」 III-2, Paris: Gallimard(1985) 87).

이와 비슷한 맥락에서 에드먼드 버크(Edmund Burke)도 그의 「프랑스혁명에 관한 성찰」에서 다음과 같이 지적했다.

> 지도자들이 대중 인기의 경매장에서 스스로 응찰자로 나서기로 했을 때, 그들의 재능은 국가건설 사업에서는 쓸모가 없을 것이다. 그들은 입법자인 대신에 아첨꾼이 될 것이다. 민중의 지도자가 아니라 민중의 도구가 될 것이다. 만일 그들 중 하나가 현명하게 한정되고 적절하게 제한된 자유 계획을 제안한다면, 그는 즉시 더 화려하게 민중에 영합하는 무언가를 만드는 경쟁자에게 뒤지고 말 것이다(375-376).

위와 같은 생각들은 현대에 이르러 포퓰리즘(populism)에 대한 반론으로 정립되어 있는데, 그 실상은 민주주의에 대한 반대론이다. 통치할 자격이 없는, 그래서 통치 받아 마땅한 '열등한 자들'을 대신해서 '우월한 자들'이 정치를 해야 한다는 이와 같은 사상이 지금까지의 정치를 주도해 왔다. 이러한 엘리트주의는 근본적으로 '반(反) 민주주의'이다. 미국의 시사평론가 월터 리프만(Walter Lippmann)은 인민의 의지가 투표를 통해 표현된다는 것은 환상이라고 지적하면서, 민주주의가 개인의 무능이 합쳐져 집단적인 유능이 될 수도 있다는 무모한 가설을 내세우고 있다고 주장했다.

신비주의 성향의 민주주의자들은 개인들의 무지를 합쳐서 공적인 일들을 이끌 수 있는 연속적인 힘을 산출할 수 있다고 생각하는데, 그렇게 생각할 만한 이유는 눈곱만큼도 없다. 각자가 모든 일에 관심을 가질 수는 없는 노릇이며, 이상적인 상황은 분쟁이 났을 때 직접적인 당사자들끼리 합의하는 것이다. 그 방면의 전문가가 하는 경험은 그렇지 않은 사람이 하는 경험과는 근본적으로 다른 것이다

(Walter Lippmann, 「Le public fantôme」 Paris: Demopolis(2008) 39).

그런데 여기서 놓쳐서는 안 될 중요한 점은 민주주의 반대론자들이 비판하는 대상이 실존하지 않는다는 사실이다. 그들이 염려하는 그런 민주주의는 지금까지의 역사상 스위스를 빼고 단 한 번도 실현된 바 없다는 점이다. 고등교육이 국가의 책무로 자리 잡은 현대 문명국가의 시민들이, 리프만이 상상하는 것처럼 그토록 무지한지는 둘째 치

고, 통치자를 뽑는 것 말고 시민들이 공적인 결정을 내릴 수 있는 제도적 장치를 갖춘 나라가 스위스를 제외하고는 사실상 없었다는 점에서, 그렇게 요란 떨 일이 아닌 것이다.

어차피 시민 전체에 의해 수행되는 민주주의는 시민들 전체의 정치적 · 경제적 지식의 성장이 동반되어야 하고, 그러한 전체에 의한 의사결정을 가능하게 하는 기술적 장치의 진화가 전제되어야 한다. 그전까지 여전히 엘리트들의 대리정치가 필요하다는 사실을 부정해서는 안 된다. 다만 토크빌, 버크 그리고 리프만이 주창한 엘리트에 의한 대리정치가 여전히 유효하다고 하더라도, 그러한 대리정치가 개념적으로 '민주주의의 반대'라는 사실까지 감추어서는 안 된다. 시민들의 투표는 엘리트의 권력 행사를 정당화하는 형식적 근거에 불과할 뿐, 그것이 민주주의일 수는 없다. 따라서 프랑스를 대표하는 혁명적 트로츠키주의자로 유명한 다니엘 벤사이드(Daniel Bensaïd)가 그의 「영원한 스캔들」이라는 팜플렛에서 지적했던 것처럼 "투표는 더 이상 어떤 의견의 표현이 아니며, 그것은 단순히 한 후보자를 지지하겠다는 약속에 불과한 것"이다(74).

대의제는 정말 민주주의적 제도인가?

위에서 살폈듯이 공공영역의 비대화, 정치 및 행정의 전문성 등을 이유로 전문가, 즉 엘리트에 의한 대의제가 필요하다는 점을 공감한다. 그런데 대의제가 필요하다고 해서 대의제를 굳이 민주주의라고 불러야 할까? 선거로써 선출된 통치자는 적어도 다음 선거기간까지 이른바 '자신의 양심에 따라' 직무를 수행하면 된다(대한민국헌법 제46조 제2항, 독일연방기본법 제38조 제1항 등). 그러므로 유권자가 어떤 후보에 대해 투표를 했다고 하더라도 자신의 의사를 당선된 통치자에 대해 직접적으로 관철시킬 방법이 없다. 적어도 그러한 점에서 대의제는 민주주의 제도가 아니다. 다시 반복하면 투표는 통치할 사람을 뽑는 행위에 불과하며, 투표가 그 통치자를 기속하지 못하므로 그 자체로 어떤 정치적 의견의 표명에 해당하지 않는다(다니엘 벤사이드). 왜냐하면 후보자가 선거기간 동안에 반드시 지키겠다고 한 공약을 이행하지 않더라도, 단지 도덕적으로 비난할 수 있을 뿐 어떤 법적 조치도 취할 수 없기 때문이다.

자크 랑시에르는 「민주주의는 왜 증오의 대상인가」라는 그의 저작에서, 대의제가 민주주의 제도로 왜곡된 과정을 설명하면서 심지어 대의제를 '민주주의와는 정반대의 것'이라고 지적하였다.

대의제는 공공영역을 담당할 권한을 가진 소수가 전체를 대표하는 것이어서, 이의의 여지없이 과두제의 형태를 갖게 된다. 대의제의 역사를 살펴보게 되면 항상 신분, 계급, 재력 등이 우선적으로 대표성의 기초가 되고 있다는 점을 발견할 수 있다. 결국 이러한 요소들이 권력 행사의 자격을 위해 요구되는 것이었으며, 그렇지 않으면 통치권력이 이것을 가진 자들에게 부여했던 것이다. … 민주주의를 선거에 기초한 대의적인 통치체제로 보게 된 것은 역사적으로 최근의 일이다. 원래 대의제는 <u>민주주의와는 정반대의 것</u>이라고 말할 수 있다. 미국 독립과 프랑스 대혁명 시대에 살았던 사람들은 모두 이 사실을 알고 있었다. 미국 독립의 아버지들과 그들의 추종자였던 프랑스 지식인들은 이러한 대의제도하에서 민(民)의 이름으로 엘리트들이 권력을 행사하는 수단을 발견했다(118~119, 밑줄은 인용자).

18-19세기 부르주아 계몽주의자들이 미국 독립혁명과 유럽 혁명에 이론적 근거로 제시한 국민주권의 원리와 대의제 원리는 정치엘리트의 대리정치를 '민중의 이름으로' 정당화하는 헌법상의 형식적 근거였다. 이른바 간접민주주의라는 용어는 허구적인 개념으로, 대의제는 시민이 자신의 통치자를 선출할 수 있다는 의미에서 '공화주의'(共和主義, republicanism)와 같은 개념이었던 것이다.

'민주주의에 관한 공화주의적 착각'의 역사적·논리적 배경

공화주의는 여러 개념으로 분류되는데, 이 글에서의 공화주의는 군주에 의한 전제적 지배를 폐지하고 통치자를 선거로 선출하는 체제를 뜻하는 고전적 공화주의(古典的 共和主義)에 국한하기로 한다. 대한민국헌법 제1조 제1항의 '공화국'도 마찬가지로 '선출제 정부'를 의미하며, '군주국'의 반대개념으로 사용되었다. 에드먼드 버크(Edmund Burke)가 그의 『프랑스혁명에 관한 성찰』 초반부에서 논쟁을 벌였던 상대방인 리처드 프라이스(Richard Price)가 정리한 영국 명예혁명의 원리는 고전적 공화주의의 정수를 보여준다(버크는 프라이스가 명예혁명의 원리를 왜곡했다고 주장했다). 리처드 프라이스가 정리한 공화주의의 원리는 '1. 우리의 통치자를 선택할 권리, 2. 부당 행위를 이유로 통치자를 추방할 권리, 3. 우리 힘으로 정부를 세울 권리'였다(57). 현대 정치의 대의제 역시 여전히 위세 가지의 원리를 구현한 것에 불과한데, 두 가지의 역사적 배경과 한 가지의 논리적 배경으로 인하여 이러한 공화주의를 지금의 대의민주주의로 오해하게 되었다.

공화주의를 민주주의로 착각하게 만든 첫 번째 역사적 배경은 군주제이다. 근대의 모든 이성적 계몽주의는 군주제라는 상황을 혁파해야 한다는 시대적 과제를 안고 있었는데, 그것은 공화주의도 마찬가지였다. 오야부 류스케(大藪龍介)는 『맑스사전』에서 맑스에게 있어서의 공화주의를 다음과 같이 설명했다.

헤겔 좌파에 속해 있을 무렵의 맑스에게서 "자유인, 그것은 공화주의자이어야 한다"[『독불연보』로부터의 편지」, 1:374]와 같은 언설이 보인다. 공화주의는 역사적으로는 군주주의를 부정하며 등장한 개념이었다. 당시의 맑스에게 있어 공화주의란 독일에서는 여전히 유력한 군주주의를 극복하고 전진하고자 하는 입장의 표명이자 민주주의와도 같은 뜻이었다고 말할 수 있을 것이다.

따라서 군주제 시절에 공화주의와 민주주의는 동의어로 받아들여졌다고 보아야 한다. 그런데 공화주의가 군주제를 폐지하는 데에 기여했지만, 그것 역시 여전히 엘리트에 의한 과두제라는 점에서 지배—피지배 관계 자체를 그대로 유지시켰다는 사실을 주목해야 한다. 결국 군주제가 폐지된 이후에도, 공화주의 방식에 의해 군주제와 비슷한 형태의 전제적 지배형태가 다시 등장할 수밖에 없었던 것이다.

군주제 이후의 전제적 지배형태의 최초의 역사적 모습이 보나파르트 체제다. 선거를 통해 성립한 입헌적 1인 체제를 말한다. 나폴레옹 보나파르트와 그 조카 루이 보나파르트 나폴레옹(나폴레옹 3세)에 의한 독재체제이다. 그 다음의 아류로 제국주의의 한 양상으로 파생된 히틀러의 나치즘, 무솔리니의 파시즘 체제, 국가를 폐지하겠다는 맑스의 유토피아적 계획을 타락시킨 국가사회주의 체제(스탈린, 마오쩌둥, 김일성 체제 등), 마지막으로 입법, 사법, 행정을 장악한 제3세계의 신대통령제(박정희, 전두환 체제 등)가 등장했다. 이러한 전체주의적 체제에 대항한 미국과 유럽의 서구식 대의제가 '전체주의 對 민주주의'의 대립구도로 오인되게 되었다. 이와 같은 전제적 지배형태의 등장이 공화주의를 민주주의로 착각하게 만든 두 번째 역사적 배경이다.

미국을 중심으로 한 서구가 2차 세계대전을 승리로 이끌고, 20세기 말 소련과 동유럽 국가사회주의 체제가 몰락하면서, 그리고 제3세계에 미국이 군사적 영향력과 함께 자신의 정치체제를 수출하면서, 군주제 이후로 잔재했던 여러 형태의 전제적 지배체제와 비교하여, 서구식 대의제가 스스로의 우월성을 자임하게 된 것이다. 결국 서구식 대의제가 보장하는 '정당의 경쟁에 의한 정권교체, 정부에 대한 비판의 자유, 보통선거권의 보장 등'이 민주주의의 내용으로 인식되었다. 우리의 '87년 민주화'의 내용이 그것이다. 한편 대한민국의 2016년 촛불혁명도 사실 19세기 유럽의 공화주의 혁명과 그 궤를 같이 한다. 박근혜를 탄핵하고 문재인 정부를 성립시킴으로써, '1. 우리의 통치자를 선택할 권리, 2. 부당 행위를 이유로 통치자를 추방할 권리, 3. 우리 힘으로 정부를 세울 권리'라는 공화주의 원리(리처드 프라이스)를 실현한 것이다. 결국 지난 한 세기 동안 '전체주의 對 민주주의'로 대립했던 역사적 과정으로 인하여, 서구식 대의제가 민주주의로 오인되게 된 것이다.

위와 같은 역사적 배경 외에 대의제, 즉 공화주의를 민주주의로 착각하게 만든 법률적 근거가 있는데, 그것은 정치적 평등권이다. 군주제와 계급제도를 폐지한 이후에, '통치하는 자'가 '통치 받는 자'와 헌법상 평등하다는 형식논리는 공화주의를 민주주의와 혼동하게 하였다. 여기에 헌법 제25조의 공무담임권과 같이 누구나 통치자가 될 수 있다는 형식적 가능성이 입법화되면서 '인민의 자기지배'가 실현되었다는 환상이 유포되었다. 헌법상 평등권과 공무담임권을 근거로 마침내 국민주권 원리가 완성되었다고 착각하기에 이른 것이다. '지배하는 소수'를 특정 하는 방식이 종전의 계급제도에서 선거로 바뀐 것일 뿐, 공화주의 역시 소수가 다수를 지배하는 엘리트에 의한 과두제이다. 과두정부의 구성이 선거라는 방식에 의한다는 이유로, 인민의 자기지배가 실현된 것처럼 왜곡된 것이다.

대의제는 '소수에 의한 지배'라는 점에서 결코 민주주의가 아니며, 오히려 '민주주의의 반대'이다(자크 랑시에르). 데이비드 헬드(David Held)는 그의 「민주주의의 모델들」에서 공화주의를 민주주의의 한 형태로 예시하고 있는데(80-85), 이것은 위와 같은 역사적, 논리적 혼동으로부터 기인한 것이다.

3장

'민주주의의 위기'가 아니라 '공화주의의 한계'이다

스위스를 제외한 나머지 현대국가의 시민들에게는 통치자를 선택할 권리밖에 없다. 신(神)으로부터 위임받았다면서 권력을 정당화했던 군주제 시절이라면, 민중이 통치자를 선택할 권리만으로도 혁명적이고 민주적일 수 있었다. 하지만 정치적 평등권과 보통선거권이 확립된 현대에 이르러 통치자를 선택할 권리, 즉 공화주의적 권리만으로는 시민들을 좀 더 나은 삶으로 이끄는 데에 부족하다. 만약 현재의 집권자가 권력을 행사하지 않거나 잘못 행사하고 있어서, 다른 정당을 선택했는데도 별반 다를 게 없다면, 어떻게 해야 할까? 더구나 시민이 선거로 선택할 수 있는 정치엘리트가 두 개의 당파로 한정되어 있다면, 더더욱 공화주의적 방식으로는 문제를 해결할 수 없다. 앞서 예로 들었던 거제시 수양동 주민자치회가 국민청원을 한 하천사업은 보수적

주제도 진보적 의제도 아니다. 그냥 우리 삶에 관한 문제다. 보수당과 민주당의 당파 간 권력투쟁 속에 우리 삶에 관한 의제가 소외되고 있는 것이다. 보수당과 민주당은 일정한 주기로 탄핵되지만, 이 두 개의 당파에 의해 과점된 과두정부는 결코 탄핵되지 않는다.

이것은 단지 우리만의 문제가 아니다. 후쿠시마 원전사고라는 인류 전체의 위기를 초래했으면서도 일본 자민당은 여전히 실각하지 않고 정권을 장악하고 있다. 민주주의의 종주국인 것으로 오해되고 있는 미국은 공공의료보험 하나 마련하지 못해 매번 정권이 교체될 때마다 원점으로 돌아가고, 고액의 민간의료보험에 가입하지 못한 서민들 중 매년 감기로 인한 사망자가 10만 명을 넘는다. 코로나 바이러스로 인한 확진 사망자의 숫자가 많았던 것도 단지 트럼프 정부가 대처를 잘 못 해서이기 이전에, 이윤의 논리만으로 운영되는 미국의 신자유주의적 의료체계 때문이다.

그렇다고 대의제를 폐지하자는 것이 아니다. 단지 군주제의 어두운 장막 속에서 태어난 공화주의가 가지고 있었던 민주주의적 한계가 이제 그 임계점에 이르렀다는 점을 강조하는 것이다. 간접민주주의라는 것은 존재하지 않으며, 대의제는 단지 공화주의일 뿐이다. 이제 진짜 민주주의를 실현함으로써 공화주의의 한계를 메꾸어야만 한다.

사실 민주주의는 위기에 빠진 적이 없다. 왜냐하면 지금까지 민주주의가 실현된 적이 없기 때문이다. 엘리트 체제의 독선과 무능이라는 현대 정치의 위기는 민주주의의 위기가 아니라 과두제의 속성이며, 이것은 과두제로서의 대의제가 필연적으로 가질 수밖에 없는 한계이다. 엘리트에 의해 권력이 독점되는 과두제 정부는 불가피하게 독선과 독단에 빠지기 쉬우며, 그러한 독선은 통치자 개인의 인품 때문이 아니라 과두제라는 구조적 특성으로부터 비롯된 것이다. 게다가 정부권력을 독점한 과두 엘리트의 무능과 부패는 선거로 치유되지 않기 때문에, 공화주의는 이미 한계에 다다랐다. 이제 과두제의 문제를 해결하려면, 시민들이 엘리트의 부패와 무능에 제동을 걸고, 실패한 정책에 수정을 가할 수 있어야 한다. 이러한 체제가 바로 민주주의이다.

프랑스 철학의 신플라톤주의와 합리주의의 수호자라고 평가받는 알랭 바디우(Alain Badiou)가 그의 팜플렛 「민주주의라는 상징」에서 아래와 같이 민주주의에 관한 정의를 내렸는데, 사실 공허하기 짝이 없을 정도로 추상적이다. 하지만 지금까지 우리를 혼란시켰던 과두제 정부로서의 공화주의를 민주주의 개념에서 제거하고 나면, 바디우의 추상적인 정의가 조금 더 실현 가능한 모습으로 눈앞에 나타나게 된다.

민주주의란 인민들이 스스로에 대해 권력을 갖는 것으로 간주된 실존이다. 민주주의란 국가를 고사시키는 열린 과정, 인민에 내재적인 정치이다(41).

엘리트의 권력독점을
어떻게 깨트릴 수 있을까?

1장

'민주주의'라는 용어의 모호함

극우이든지 극좌이든지 오늘날 '민주주의'를 표방하지 않는 정당이나 정치인이 없으며, 정치뿐 아니라 모든 영역에서 이 용어를 사용하지 않는 곳이 없다. 웬디 브라운(Wendy Brown)은 그녀의 「오늘날 우리는 모두 민주주의자이다」라는 팜플렛에서, '오늘날 민주주의는 역사상 전례 없는 인기를 누리고 있지만 개념적으로는 더할 나위 없이 모호하고 실질적으로는 빈약하기까지 하다'고 지적했다(85). 또한 민주주의라는 용어 사용의 과잉은 의미의 모호함을 초래하게 되었고, 이제는 공공선 혹은 절대선을 보장하는 방식으로 이해되어 특별한 의미를 부여하기 어렵게 되었다. 장—뤽 낭시(Jean Luc Nancy)는 「유한하고 무한한 민주주의」라는 팜플렛에서, 심지어 민주주의라는 용어가 '무의미의 전형'이 되었다고까지 말했다.

오늘날 민주주의는 무의미의 전형적인 사례가 됐다. 고결한 정치의 전부이자 공공선을 보장하는 유일한 방식을 대표하게 된 탓에 민주주의라는 이 단어는 그 자체의 모든 문제적 성격, 간단히 말해서 질문을 던지거나 문제를 제기할 수 있는 모든 가능성을 스스로 흡수하고 해소해버렸다. … 한마디로 '민주주의'는 정치, 윤리, 법/권리, 문명 모든 것을 뜻하지만, 또 아무것도 뜻하지 않는다(107).

최장집의 「민주화 이후의 민주주의」(2010)도 앞과 뒤에 '민주'라는 단어를 중복함으로써 민주주의라는 용어의 모호성을 가중시켰다. '87년 민주화 이후에 요구되는 새로운 민주주의의 문제'를 다루려는 것이 그의 의도라는 것을 모르지 않는다. 하지만 결국 민주주의라는 용어에 담으려는 의미가 넘쳐난 바람에, 그가 말하는 민주주의는 그냥 '올바른 정치' 혹은 '바람직한 정치'를 의미하는 정도가 되어 버렸고, 여기에 이른 순간 '아무것도 뜻하지 않는 것'이 되어 버렸다(장 뤽 낭시). 오히려 대한민국의 87년 체제가 유럽의 공화주의 혁명과 같은 위치에 서 있었다는 점에서, 1987년 이후의 대한민국 정치는 「공화주의 혁명 이후의 민주주의」의 문제로 보아야 한다. 프랑스 혁명 이후에도 왕당파의 반동이 있었던 것처럼 87년 체제 이후에도 종전의 전체주의적 세력, 즉 박정희-전두환 추종세력의 힘이 보수당 내에서도 유력했고, 결국 2016년 촛불혁명에 의해서 비로소 박근혜가 탄핵되면서 대한민국의 공화주의 혁명은 명실공히 이때에 완수되었다. 다시 한 번 반복하면, 우리의 경우에는 리처드 프라이스가 말했던 '1. 우리의 통치자를 선택할 권리, 2. 부당 행위를 이유로 통치자를 추방할 권리, 3. 우리 힘으로 정부를 세울 권리'라는 공화주의적 권리가 2016년에 실현된 것이었다. 이제야말로 「공화주의 혁명 이후의 민주주의」를 고민해야 할 때다.

대의제를 '엘리트에 의해 독점된 과두제'라고 비판했던 자크 랑시에르는 그의 저작 「민주주의는 왜 증오의 대상인가」에서 민주주의를 '과두적 정부에 대해 대항하는 행위'라고 설명했다.

민주주의는 민(民)의 이름으로 과두정치가 난무하는 것을 허락하는 통치형태도 아니며, 교환경제의 논리가 모든 것을 결정하는 사회형태도 아닌 것이다. 그것은 공공영역에 대한 과두적 정부의 독점을 지속적으로 파괴하는 '행위'이며, 생활 전반에 대한 유산계급의 강력한 영향력을 끈질기게 뿌리 뽑는 '행동'인 것이다(195).

그런데 여기서 랑시에르가 말하는 '공공영역에 대한 과두적 정부의 독점을 지속적으로 파괴하는 행위로서의 민주주의'란 과연 무엇일까? '정치에 대한 사유를 권력에 대한 사유에서 분리해내는 것'은 무엇인가? 심지어 랑시에르는 「정치적인 것의 가장자리에서」라는 저작에서, 민주주의는 '정치체제가 아니라 정치의 설립'이라고 주장했다.

민주주의는 통치형태도 사회적 삶의 방식도 아니며, 정치적 주체들이 존재하기 위해 거치는 주체화 양식이다. … (그것은) 정치에 대한 사유를 권력에 대한 사유에서 분리해내는 것을 전제한다. … (민주주의는) 정치체제가 전혀 아니라 … 정치의 설립 자체이다(17, 241).

도대체 '정치체제가 아니라 정치의 설립 그 자체'라는 말은 무엇을 뜻하는가? 이렇게 현학적인 사변은 이론을 추상 속에서 맴돌게 하여 현실에서의 적용능력을 떨어뜨리고, 결국 그 이론의 실천을 무력하게 만든다. 분명 민주주의에 '목표로서의 방향성'이 존재하지만, 일단은 정치체제로서의 민주주의, 그리고 그러한 정치체제를 구축하기 위한 기술적 방법으로서의 민주주의에 한정한다. 현실에서 수행할 수 있는 지침을 세워야만 사변과 추상 속에서 허우적대지 않고, 현실에 발을 내딛을 수 있기 때문이다.

그렇다면 랑시에르의 열망처럼, 시민은 과두적 정부의 권력 독점을 어떻게 파괴할 수 있을까? '권력은 항상 엘리트 사이에서 교체되고, 대중은 항상 권력 밖에 머물러 있다'는 파레토의 비관적 전망은 어떻게 깨뜨릴 수 있을까?

2장

민주주의 체제를 구축하기 위한 기술적 방법

'저항권'으로 엘리트의 권력독점을 깨트릴 수 있을까?

저항권(Widerstandsrecht, right of resistance)이란 국가권력에 의하여 헌법의 기본원리에 대한 중대한 침해가 행하여지고 그 침해가 헌법의 존재 자체를 부인하는 것으로서, 다른 합법적인 구제 수단으로는 목적을 달성할 수 없을 때에 국민이 자기의 권리와 자유를 지키기 위하여 실력으로 저항하는 권리를 의미한다(헌법재판소 1997. 9. 25.자 97헌가4 전원재판부 결정).

저항권이 성문화된 것은 1215년 영국의 마그나 카르타(Magna Carta) 부터이다. 영국왕은 이 문서에서 왕이 법적 의무를 지키지 않는 경우에는 귀족들이 저항할 권리를 인정하였다. 독일 중세의 작센 법전

(Sachsenspiegel)은 국왕 및 법관이 위법한 짓을 했을 때에는 국민이 이에 반대하지 않으면 안 된다고 하여, 저항의 권리와 의무를 규정하였다. 미국 1776년 독립선언은 "어떠한 정부의 형태라 할지라도 이들 목적을 파괴하게 되었을 때에는 정부를 변경하고 또는 폐지하고 안전한 행복을 가장 잘 초래할 수 있는 원리에 따라 이러한 형태의 권한을 조직하여 신정부를 수립하는 것은 인민의 권리임을 믿는다"고 함으로써 저항권을 보편적인 인민의 권리로 규정하였다. 미국 독립선언에 영향을 받은 프랑스의 1789년 「인간과 시민의 권리선언」은 제2조에서 "일체의 정치적 결합의 목적은 자연적이고 절대적인 인권을 보장하는 데 있다. 이들의 권리란 자유, 재산, 안전 및 압제에 대한 저항이다"라고 선언하였다. 독일연방기본법은 1968년 제17차 개정에서 국가에게 긴급권을 인정하는 데에 대응하여 국민에게 저항권을 인정하였는데, "… 이러한 질서를 배제하려는 모든 자에 대하여 모든 독일인은 다른 구제수단이 불가능한 경우에는 저항할 권리를 가진다"고 명시하였다.

우리 헌법에는 저항권 규정이 명시적으로 존재하지 않고, 다만 헌법전문에 "불법에 항거한 4·19민주정신을 계승하고 …."라는 표현이 있는데, 이 문구를 근거로 저항권을 간접적으로 인정하는 취지라고 해석하는 견해가 있다. 1975년 대법원은 민청학련 사건에 관하여 "실존하는 헌법적 질서를 무시하고 초법적인 '저항권' 개념으로 실정법에 위배된 행위의 정당화를 주장하는 건 받아들일 수 없다"며 피고인들의 상고를 기각하였다(대법원 1975. 4. 8.선고 74도3323 판결). 또한 1980년 김재

규 사건에 대해서는 "저항권이 비록 존재한다고 인정하더라도 그 저항권이 실정법에 근거를 두지 못하고 자연법에만 근거하고 있는 한 법관은 이를 재판규범으로 원용할 수 없다"고 해석하였다(대법원 1980. 5. 20.선고 80도306 판결). 다만 "저항권은 헌법에 명문화되어 있지 않았더라도 일종의 자연법상의 권리로서 이를 인정하는 것이 타당하다 할 것이고 이러한 저항권이 인정된다면 재판규범으로서의 기능을 배제할 근거가 없다"는 소수의견이 있었다. 그러나 헌법조문에 존재하지 않는다고 하여 저항권이 우리 헌법질서 내에서 부정된다고 볼 수 없다는 점에서 종전 대법원의 견해는 옳지 않다. 한편 헌법재판소는 노동조합및노동관계조정법 등 위헌심판에서 헌법보호수단으로서 저항권을 간접적으로 인정하였으나, 당해 사건에서의 입법과정의 하자는 저항권행사의 대상이 아니라고 판시하였다(헌법재판소 1997. 9. 25.자 97헌가4 전원재판부 결정).

법조계의 학설은 입법절차의 하자와 같은 단순한 위법은 저항권의 대상이 아니라 시민불복종권의 대상이라고 해석하고 있다. 시민불복종권은 양심상 부정의하다고 확신하는 법이나 정책을 개선할 목적으로 법을 위반하는 것으로, 비폭력적인 방법으로 행하는 정치적인 집단적 정치행위를 말한다. 저항권이 불법적인 정부를 폐지하고 신정부를 수립하는 것을 전제로 하므로 비평화적·폭력적 수단도 포함하는 데 반하여, 시민불복종권은 평화적이고 소극적인 수단을 사용하는 것으로 해석한다. 따라서 저항권은 헌법의 기본질서와 가치의 위협에 대해서만 행사될 수 있다고 해석하며, 시민불복종은 불법적 개별법령 ·명령에 대해서도 행사될 수 있다고 보고 있다.

독일 태생의 유대인 철학자인 한나 아렌트(Hannah Arendt)는 그녀의 「공화국의 위기」에서 '시민불복종을 우리의 정치제도 속에 확립하는 일은 이러한 사법심사의 궁극적 실패에 대한 가능한 최상의 치유제'(146)라고 하면서, 시민불복종이 요구되는 상황을 아래와 같이 설명했다(한나 아렌트는 저항권과 시민불복종의 개념을 구분하지 않고, 저항권의 의미로서 시민불복종이라는 개념을 사용하였다).

시민불복종이 일어나는 것은 상당수의 시민들이 변화를 이루어낼 정상적 통로가 더 이상 기능하지 못하고 불만이 더 이상 청취되지 않거나 처리되지 않는다는 확신이 들 때, 또는 그와 반대로 정부가 그 적법성과 합헌성이 심각히 의심스러운 어떤 변화를 꾀하거나 정책에 착수하고 추진한다는 확신이 들 때이다(116).

한나 아렌트가 말하는 '정상적 통로가 더 이상 기능하지 못할 때'란 우리의 헌법재판소가 저항권의 요건으로 '다른 합법적인 구제 수단으로는 목적을 달성할 수 없을 때'를 언급했던 것과 마찬가지이며, 1968년 개정 독일연방기본법이 '다른 구제수단이 불가능한 경우'를 규정한 것과 같다.

그렇다면 저항권과 시민불복종권으로 엘리트 과두정부의 권력독점을 파괴할 수 있을까? 시민불복종(저항권)을 '사법심사 실패에 대한 최상의 치유제'라고 불렀던 아렌트의 시각은 여전히 전체주의 지배 상황에 머물러 있다. '불법한 정부를 폐지하고 신정부를 수립하는 것이 인민의 권리'라는 미국 1776년 독립선언은 리처드 프라이스의 제2, 3 공화주의 권리와 동일하다. '2. 부당 행위를 이유로 통치자를 추방할 권리, 3. 우리 힘으로 정부를 세울 권리'가 그것이다. 그런데 「공화주의 혁명 이후의 민주주의」를 고민하는 우리는 한 발 더 나아가야 한다. 요컨대 저항권과 시민불복종권만으로는 엘리트 과두정부의 권력독점을 파괴하는 데에 부족하다. 왜냐하면 지금까지의 역사상 대중의 저항권은 구 엘리트의 지배권을 폐지하고 새로운 엘리트의 지배권을 확보해 주는 혁명의 수단으로 사용되는 데에 그쳤기 때문이다. 저항권으로 불법정부를 폐지하고 새롭게 수립한 신정부에서, 다시 발생한 문제를 또 저항권으로 해결할 것인가?

웬디 브라운이 「오늘날 우리는 모두 민주주의자이다」라는 팜플렛에서 '어쩌면 민주주의는 해방처럼 시위로서만 현실화될 수 있을지 모른다. 아니, 특히 오늘날에는 응당 협치의 형태에서 저항의 정치로 좌천된 것인지도 모르겠다'(103)고 했던 비관론에 동의할 수 없다. 심지어 아직도 '혁명과 인민의 봉기'를 운운하는 유럽의 코뮤니스트들에 대해서는 뭐라 대꾸할 힘조차 없다. 지금은 저항권이 억압되고 있는 전체주의 시대가 아니기 때문이다. 19세기의 시대적 과제가 악덕한 군주를 폐위하고 선량한 군주를 옹립하는 것이 아니라 군주제 자체를 폐지하였던 것처럼, 21세기의 시대적 과제는 저항권을 확대하는 것이 아니라, 더 이상 저항권이라는 비상수단에 의존하지 않아도 될 '합법적인 구제수단'을 확립하는 것이다.

그런데 공화제 이후의 시민들에게 부여된 정치적 기본권은 보통선거권이 전부라서, 자신이 뽑은 통치자가 문제를 해결하지 못할 때에, 피켓을 들고 입법을 청원하거나 인터넷에 댓글을 쓰거나 아니면 우연히 알게 된 국회의원 핸드폰에 문자폭탄을 보내는 게 전부이다. 도대체 선거기간에 투표를 하는 것 말고 정치에 '참여'할 방법이 무엇인가? 더 이상 저항권에 의존하지 않아도 될 '합법적인 구제수단'이란 무엇일까?

시민들의 '정치 참여'는 어떻게 이루어질 수 있을까?

최장집은 그의 「민주화 이후의 민주주의」에서 민주주의를 강화하고 발전시키는 방법으로 대중의 '정치 참여'를 강조하고 있다.

> 대중의 참여가 없는 엘리트 카르텔로서의 정치는 '상층 편향성' (upper class bias)을 특징으로 한다. … 민주주의가 제 기능을 하기 위해서는 사회적으로 통합되어 있지 않고 정치적으로 대표되지 않고 있는 서민층이나 노동이 정치과정으로 들어오는 것이 필요하다(252).

… 이 과정에서 민주주의를 희구하고 투쟁했던 사람들이 민주주의에 대해 실망하고, 이를 비판하는 '소극적 시민'으로 머물 것이 아니라, 스스로 민주주의를 만드는 과업에 적극적으로 참여하는 '적극적 시민'의 역할을 할 수 있어야 할 것이다(287).

도대체 그가 말한 대중의 정치참여는 선거기간의 투표 외에 또 무엇이 있을까? 위 글에 있는 '정치적으로 대표되지 않은 서민층이나 노동이 정치과정으로 들어오는 것이 필요하다'라는 문장에서 '정치과정으로 들어온다'는 말은 무슨 뜻일까? 그는 다른 저작인 「어떤 민주주의인가」의 "1부 민주주의에 대한 이해와 오해"에서 '정치 참여'를 이렇게 표현했다.

민주화에도 불구하고 정치적으로 소외되었던 노동을 비롯한 사회적 약자의 정치 참여는 여전히 제약되어 있고, 중산층 및 지식인 전문가 집단의 정치 참여는 폭발적으로 확대됨으로써 보수적 민주주의로 발전하는 결과를 가져왔다(75).

87년 민주화 이후에 노동자 대중이나 중산층 대중의 정치 참여의 범위는 다를 바 없다. 결국 최장집이 말하는 정치 참여 혹은 '정치과정으로 들어온다'는 말은 노동자계급의 상위 엘리트 또는 중산층의 상위 엘리트 몇몇이 집권 엘리트로 편입되는 것을 말하는 것이었다. 노무현의 참여정부도 실질적으로 같은 의미다. 거기서 '참여'를 평범한 서민도 정부에 참가할 수 있는 것처럼 주장한 것이라면 이것은 허구적 프로파간다에 불과하고, 사실은 변방에 있던 비주류 엘리트가 권력을 점유했다고 표현하는 것이 훨씬 더 진실에 가깝다. 어쨌든 특정 계층의 상위 엘리트가 집권 엘리트에 편입되는 것이 그 계층의 이익을 대표하는 데에 일정한 영향을 미친다는 사실은 부정할 수 없다. 그러나 이 글에서 관심을 가지는 대상은 어떤 계층의 상위 엘리트가 권력에 편입되는 것이 아니고, 이른바 대중이 정치에 참여하는 방법을 찾으려는 것이다.

그렇다면 정치에 참여하려면 어떻게 해야 할까? 정당에 가입해야 될까? 그런데 설령 어떤 정당에 매달 당비를 내는 진성당원이라고 하더라도, 그가 자신의 의사를 입법으로 관철시키려면 피켓을 들거나 인터넷에 댓글을 달아야 하며, 그것 말고 할 수 있는 일이 없다. 최장집의 책뿐 아니라 대다수의 정치교과서들은 '대중의 정치참여'라는 단어를 아무 거리낌 없이 남발하지만, 도대체 대중의 정치참여를 어떻게 이룰 것인가라는 방법론에 대해서는 아무 말도 하고 있지 않다. 실제로 최장집이 구상하는 민주주의 체제는 '정당 중심 정치의 안착'과 '경쟁하는 정당체제에 기초한 대의제'다. 그의 책들이 민주주의를 말하고 있지만, 사실은 공화주의 그 이상 이하도 아니다. 따라서 최장집의 민주주의론에는 '정치엘리트가 무엇을 할 것인가?'가 있을 뿐, '시민들이 무엇을 할 수 있을까?'라는 고민은 없는 것이다. 이것이 민주주의론이 아님은 물론인바, 왜냐하면 최장집의 이론에는 선거기간에 누군가를 뽑는 것 말고 정치에 '참여'할 방법이 없기 때문이다.

캐럴 페이트먼(Carol Pateman)은 대중들의 정치적 무력감과 무관심을 극복하기 위해, '민주주의가 사람들의 일상생활에서 가치 있는 것이 되도록 만듦으로써, 즉 민주적 통제의 범위를 대부분의 사람들이 살아가고 있는 주요 시설과 제도에까지 확대해야 한다'고 주장했다. 도대체 페이트먼이 말하는 '사람들의 삶을 가치 있는 것이 되도록 만들어주는 정치 참여'는 무엇일까? 어떻게 참여하는 것일까? 데이비드 헬드(David Held)는 그의 「민주주의의 모델들」(2010)에서 맥퍼슨(C. B. Macpherson)과 페이트먼의 참여민주주의 모델을 다음과 같이 요약했다.

[참여민주주의]

- 모델을 정당화하는 원리
  자유 · 자기 계발에 대한 평등한 권리는 '참여 사회' − 정치적 효능감을 제고하고 집단적 문제에 대한 관심을 키우며, 통치 과정에 지속적 관심을 가질 수 있는 식견 있는 시민의 형성에 기여하는 사회 − 에서만 달성될 수 있다.

- 핵심적 특징
  − 직장과 지역공동체를 비롯한 사회의 주요 제도를 조정하는 데 시민이 직접 참여
  − 정당 간부들로 하여금 직접 당원들에게 책임지게 함으로써 정당 체제를 재조직
  − 의회제 구조 내에서 '참여적 정당들'이 작동
  − 여러 정치형태의 실험이 가능하도록 보장하는 제도적 개방 체계를 유지

- 일반적 조건
  − 물적 자원의 재분배를 통해, 여러 사회집단들의 자원 기반의 결핍을 직접 개선
  − 공적 · 사적 생활에서 책임 없는 관료 권력을 최소화(가능하면 제거)
  − 정보에 입각한 결정이 보장되도록 하는 개방된 정보 체계
  − 육아 설비를 재검토하여 남성뿐만 아니라 여성도 공적 생활에 참여할 수 있는 기회를 가질 수 있도록 함

(데이비드 헬드 David Held, 「민주주의의 모델들」(2010) 405)

직장, 지역공동체 및 여러 사회적 집단 내에서 민주적 과정을 실현하자는 참여민주주의 모델의 아이디어에 당연히 찬성한다. 하지만 국가의 정치영역에 관한 참여 모델에 부족함을 느끼지 않을 수 없다. 정작 국가의 정치영역에 대한 참여를 확장하지 못한다면, 대중들을 소외시키고 있는 정치적 무력감을 극복할 수 없을 것이다. 게다가 적극적인 정당 참여가 대중들의 지배엘리트에 대한 추종으로 변질될 위험이 있다는 점도 간과되고 있다.

숙의민주주의는 엘리트의 권력독점을 깨트릴 수 있을까?

보먼(Bohman)에 의하면, 숙의민주주의란 자유롭고 평등한 시민들의 공적 숙의가 정당한 정치적 의사 결정이나 자치의 핵심 요소라고 생각하는 일군의 견해이다. 하버마스(Jurgen Habermas)는 그의 「공론장의 구조변동」(1962)에서 숙의민주주의를 이렇게 설명했다.

숙의민주주의자들은 시민들의 선호를 단순히 주어진 것이나 이미 고정된 것으로 간주하지 않는다. 대신 그들은 공동의 문제에 관한 견해를 검토할 수단을 만들어 내려 한다. 이들의 목표는 숙의의 과정이나 절차 - 그 구조에 따라 '합리적으로 수용할 수 있는 결과의 기댓값'이 정해지는 - 를 확립하는 것이다.

데이비드 헬드(David Held)의 「민주주의의 모델들」(2010)은 하버마스, 피시킨 등의 숙의민주주의 모델을 다음과 같이 요약하였다.

[숙의민주주의]

■ 모델을 정당화하는 원리
정치적 결사의 조건은 시민들의 자유롭고 합리적인 동의에서 유래한다. 정치적 결정에 대해 '서로 정당하다고 인정할 수 있는 가능성' 그것이 집단적 문제의 해결책을 모색하는 정당한 기반이 된다.

■ 핵심적 특징
  − 숙의적 여론조사, 숙의하는 날, 시민 배심원
  − 온라인상에서 보고서를 제공하는 것에서부터 대표에 직접 접근하는 것에 이르는 여러 전자정부 조치들
  − 온라인 공론장 등의 전자 민주주의 프로그램
  − 정책안의 집단적 분석과 산출
  − 소규모 공론장에서 초국가적 상황에까지 이르는, 공적 생활 도처에서의 숙의
  − 숙의적 여론조사와 연계된 국민 · 주민 투표의 새로운 활용 등

■ 일반적 조건
  − 가치 다원주의
  − '정제되고' '사려 깊은' 선호의 계발을 뒷받침하는 공공 문화와 제도
  − 숙의 기구와 실천 및 이를 뒷받침하는 이차적 결사체에 대한 공적 자금 제공

(데이비드 헬드 David Held, 「민주주의의 모델들」(2010) 480)

'정제되고 사려 깊은 견해'는 민주정치에 없어서는 안 될 의사결정의 전제이며, 어떤 견해가 다수인가가 아니라 어떤 과정을 거쳐 의사가 결정되었는가라는 '의사 결정의 질'이 공적 논쟁의 중심에 놓여야 한다는 숙의민주주의의 지적은 전적으로 타당하다. 타인을 대상으로 견해의 정당성을 합리적으로 증명해야 하며(정치적 합리성), 집단적 문

제라는 관점에서 최선의 실질적 해결책을 모색하는 논증 과정을 갖추어야 한다(논증적 합리성). 다만 의사결정의 과정에 관한 숙의민주주의의 강조를 받아들인다고 하더라도, 숙의민주주의의 시민배심원 모델, 공론조사 모델이 직접민주주의를 대체할 수 있을 것인지 여부는 깊이 검토되어야 한다. 이 문제는 바로 뒤에서 다루기로 한다.

3장

직접민주주의, 그 자체로서의 민주주의

민주주의 체제를 구현하는 방법으로서의 직접민주주의

– 시민발의와 국민투표

대한민국헌법에서 시민은 스스로 국민투표를 발의할 수 없고, 오로지 대통령만이 국민투표를 부의할 수 있다. 그것도 외교·국방·통일 기타 국가안위에 관한 중요정책(제72조)과 헌법개정안에 대한 찬반(제130조 제2항)이 전부다. 대의제 아래에서 유권자는 선거권만 소지하고, 일단 선출된 대의제의 통치자들은 유권자로부터 기속되지 않는다(무기속위임 원칙). 그러므로 설령 권력이 바뀌더라도 교체는 엘리트 사이에서 이루어지며, 결국 대중은 항상 권력 밖에 머물러 있다(파레토). 그런 의미에서 간접민주주의란 존재하지 않으며, 대의제는 민주주의 제도가 아니고, 공화주의를 구현한 것이다. 그렇다고 대의제를 폐기하자는 것은 아니다. 다만 대의제가 필요하다고 하여 대의제를 민주주의라고 부를 이유는 없다는 말이다. 브르노 카우프만(Bruno Kaufmann), 롤프 뷔치(Rolf Büchi), 나드야 브라운(Nadja Braun)도 스위스의 직접민주주의가 대의제라는 조건 아래에서 시행되고 있다고 말한다. 그들은 공동의 저작 「직접민주주의로의 초대」(2008)에서 직접민주주의를 '대의제라는 자동차에 달린 브레이크와 액셀레이터'라고 표현했다(63).

카우프만이 말하는 '직접민주주의의 브레이크'란 의회가 통과시킨 헌법과 법률에 대해 시민들이 국민투표로써 부결시킬 수 있다는 것을 말한다. 연방헌법의 개정, 집단방위 체제 또는 초국가적 공동체에의 가입에 관한 사항에 대해서는 의무적으로 국민투표를 거쳐야 하고(의무적 국민투표, 스위스연방헌법 제140조 제1항 제1, 2호), 그 외의 사항에 대해서도 유권자 5만 명 이상 또는 8개 주 이상이 법률안 공포일로부터 100일 내에 요구하는 경우에는 국민투표에 회부해야 한다(임의적 국민투표, 스위스연방헌법 제141조). 대의제의 엘리트가 입법한 법률을 시민이 최종적으로 심사할 수 있는 권한을 가지게 된 것이다.

그 다음, '직접민주주의의 액셀레이터'란 의회의 대표자들이 입법하지 않은 사항을 시민들이 제안할 수 있다는 것으로, 시민발의 또는 국민발안이라고 부른다. 유권자 10만 명은 발의안을 공식적으로 공표한 날로부터 18개월의 기한 내에 연방헌법의 일부개정을 요구할 수 있으며

(스위스연방헌법 제139조), 연방의회는 연방헌법의 전부 개정을 위한 국민발안, 연방헌법의 일부 개정을 위해 일반적 제안 형식으로 고안된 국민발안으로서 연방의회에 의하여 부결된 국민발안에 관한 사항에 대해서 의무적으로 국민투표에 회부해야 한다(스위스연방헌법 제140조 제2항 제1, 2호). 카우프만, 뷔치, 브라운은 「직접민주주의로의 초대」(2008)에서, 이와 같은 액셀레이터와 브레이크를 통해서 종전에 권력 밖에 있던 대중들이 정치엘리트와 나란히 정치무대 위에서 주역이 되었다고 말하고 있다.

시민발의를 통해 개혁이라는 액셀레이터를 밟든 국민투표를 통해 비상 브레이크를 밟든 스위스 시민들은 정부, 의회와 같은 국가 기관과 함께 정치무대 위에서 주역의 자리를 차지하고 있는 것이다(63).

그렇다고 언제나 국민투표를 행하는 것이 능사는 아니다. 가능한 한 지방단위로 이루어지게 하고 결정의 주체는 그 결정으로 직접적인 영향을 받는 사람들이 되어야 하며, 꼭 필요한 경우에 지방 수준을 넘어서 주정부 혹은 연방정부 차원에서 결정을 내린다. 다시 말해, 의사결정은 가능한 한 분권화되어야 하고, 꼭 필요한 경우에 한해서 중앙집권화 되어야 한다는 것이 「직접민주주의로의 초대」의 설명이다(37).

드디어 권력 밖에만 있었던 대중이 미약하나마 권력을 공유하게 되었다. 전체 인민의 자기입법을 상상했던 장-자크 루소(Jean-Jacques Rousseau)의 꿈이 현실가능성을 얻게 되었다. 정치엘리트가 가지는 전문성을 존중하여 대의제에 의한 공화정부를 유지하되, 집권엘리트의 부패와 무능을 위와 같은 방식으로 제어하는 것이다. 의회가 통과시킨 법률에 대해, 혹은 의회가 입법하지 않은 사안에 대해 더 이상 화염병을 던지고 피켓을 들고, 문자폭탄을 보낼 필요가 없게 되었다. 더 이상 저항권도 시민불복종권도 필요하지 않다. 의회가 통과시킨 법률에 대해 반대하거나 새로운 법률안을 제안하는 시민들은 그 이유에 관하여 자신의 이웃들에게 설명하고 이를 설득하여 국민투표로써 관철시키면 되는 것이다. 그리고 정부와 의회는 이를 방관하는 것이 아니라, 여러 차례의 공청회를 통해 법률안을 수정하고, 다시 역제안을 하여 이 수정안과 발의안이 최종적으로 국민투표에 부쳐지는 것이다. 시민발의를 한 측이 투표에서 지더라도 반드시 패배했다고 할 수 없는 게, 종전의 법률안보다 좀 더 진일보한 수정안을 얻게 되기 때문이다.

'수(數)의 독재'를 피하기 위한 조치

다수결의 원리에 관한 비판은 사실 공화제에서는 의미가 없으며, 직접민주주의에서만이 논증할 적격을 가진다. 왜냐하면 대의제에서 다수란 의회에서의 다수를 말하고, 의회에서의 다수란 자신을 다수라고 설득한 소수의 의지이기 때문이다. 대의제의 무기속위임 원칙으로 인해 의회의 다수는 국민의 일반의지로 법률상 간주될 뿐, 실은 권력을 독점한 과두정부의 의지에 불과하다. 한편 직접민주주의에서라면

의회 다수의 의지는 시민 다수의 의지로써 수정될 수 있다. 결국 다수결 원리에 관한 비판은 직접민주주의의 다수결에 대한 비판이자 직접민주주의에 대한 반대이다. 즉 통치할 자격이 없는 열등한 다중(多衆)에 의한 정치를 멸시하는 것으로, 결국 민주주의 반대에 관한 논쟁이다.

피에르 부르디외(Pierre Bourdieu)는 민주주의란 개인적 의견들의 수학적 총합이 옳다고 보는 것이라고 전제하고, 이러한 믿음을 거부한다고 주장했다. 그러나 개인적 의견의 수학적 총합이 옳다고 믿는 것이 민주주의라는 부르디외의 전제가 이미 왜곡된 것이다. 민주주의는 사회적 갈등을 해결하기 위한 수단으로써 다수결 원리를 불가피하게 선택한 것이다. 다니엘 벤사이드(Daniel Bensaïd)가 「영원한 스캔들」이라는 팜플렛에서 '수는 진리와 아무 상관이 없다. 수는 증거로서의 가치가 전혀 없다(74)'라고 주장한 것처럼, 다수라고 하여 결코 진리를 보증하는 것이 아니기 때문이다. 따라서 다수결의 원리가 '수(數)의 독재'에 빠지지 않으려면, '오늘의 소수'가 '내일의 다수'가 될 수 있다는 가능성을 원칙적 기준으로 수용해야 한다. 그렇기 때문에 정책 결정을 합리적으로 내리기 위해서는 (1) 정보의 투명한 공개, (2) 합리적이고 심도 있는 토론 기회의 보장이라는 전제 조건 아래에서 (3) 소수 의견에 대한 절대적 존중의 규칙이 확보되어야 한다.

다수결의 원리를 비판하면서 등장한 '추첨 민주주의'는 사회적 갈등의 해소라는 목적을 위해 '추첨'이란 방식을 제안하고 있다. 그러나 추첨 민주주의는 의사결정의 목적을 망각하고 있는데, 애초에 다수결 또는 추첨이라는 것은 우선적으로 진리를 찾기 위한 방법으로 제기된 것이다. 다수결이 진리를 언제나 보증하는 게 아니더라도 그나마 합리적인 토론문화를 보충하면 진리에 대한 접근가능성을 높일 수 있는데 반해, '추첨'이라는 우연적 결과는 진리에 대한 접근가능성이 현격히 떨어진다. 따라서 추첨 민주주의는 결코 대안이 될 수 없다.

그런 의미에서 숙의민주주의에서 강조하는 '의사결정의 질'을 위한 절차적 과정은 직접민주주의자들도 공감하는 대단히 중요한 문제이다. 이러한 절차가 보장되어야만 투표에서 패배한 쪽을 설득할 수 있으며, 설령 잘못된 결정을 내렸더라도 다시 정정할 수 있게 된다. 카우프만, 뷔치, 브라운은 「직접민주주의로의 초대」에서 이러한 토론의 절차적 과정을 '더 많은 민주주의를 위한 가이드라인'이라는 제목으로 설명했다.

> 직접민주주의적 절차의 보다 나은 디자인을 위해서는 다음과 같은 가이드라인을 고려하여야 한다. 직접민주주의적 절차들은 모든 수준에서의 커뮤니케이션을 고무 격려하는 데에 목표를 두고 디자인 되어야만 한다. … 심사숙고와 토론, 만남 그리고 상호작용은 시간을 필요로 한다. 그리고 서로 다른 이해관계와 조직에 속해 있는 사람들 사이에 상호 이해와 타협을 이끌어내는 노력에도 시간이 필요하다. 필요한 시간이 보장되지 않으면 그런 절차들은 어떤 경우에든 도전받기를 바라지 않는 기득권층에게만 유리하게 작용할 것이

다. 충분한 시간 없이는 사회통합을 이루어내는 것도 불가능하다. … 이것은 결코 쫓고 쫓기는 게임이 아니다. 시간이 충분해야만 진지하게 발의에 임할 수 있고, 타협의 여지를 넓힐 수 있으며, 시스템과 절차의 합리성을 증대시킬 수 있기 때문이다(148-149).

요컨대 '수의 독재'에 대한 대항은 정보의 공개, 토론 기회의 보장, 그리고 소수의견에 대한 존중의 규칙으로 보증되는 것이다. 이로써 다수결 민주주의는 합의제 민주주의로 질적 비약을 할 수 있게 된다.

숙의민주주의의 문제점

의사결정의 과정에 관한 숙의민주주의의 강조는 타당하지만, 일정한 표본으로 추출된 시민배심원에 의한 결정 또는 공론조사 모델은 중대한 난점을 지니고 있다. 의회가 내린 결론을 또 다른 대표자인 시민배심원의 결정으로 수정할 경우에, '도대체 어떤 대표자가 더 우월한가?'라는 피할 수 없는 모순에 직면하게 된다. 결국 반대파는 시민배심원단의 결정에 승복하지 않게 되고, 갈등은 종결되지 않는다. 숙의민주주의의 시민배심원은 이슈에 따라 선정되고, 수적으로 좀 더 폭넓게 선정된다는 차이가 있을 뿐 대의제의 변형된 형태에 지나지 않는다. 필자는 이전의 저서 「지배당한 민주주의」에서 문재인 정부의 신고리 원전에 관한 공론조사를 다음과 같이 비판한 적이 있다.

위험한 대통령에게 주어진 공론조사 제도는 자신이 반대하는 의회의 결정을 회피하기 위한 '가장(假葬)된 직접민주주의 제도'로 악용될 것이다. 의회의 결론을 (시민배심원이라는 이름의) 새로운 대표자들의 결정에 의해 번복할 경우, 권력자의 자의적 독단으로 귀결되는 경우를 피할 수 없게 된다. … 공론조사 제도는 시민발의와 국민투표가 이행될 수 없는 지역적·지엽적 문제 또는 한정적이고 특수한 범위의 문제에 한하여, 시민발의를 대신하는 제도로서 운용되어야 한다. 그리고 이러한 공론조사의 발의권을 정부만 가져서는 안 되며, 시민도 일정한 숫자의 유권자의 서명으로 발의할 수 있어야 한다. 그렇지 않으면 공론조사 제도는 정부가 자신이 유리한 경우에만 선택적으로 행사하는 자의적 도구로 전락하게 될 것이다. 신고리 공론화는 인정하였으면서, 탈원전 공론화는 거절한 (2017년 10월) 문재인 정부의 사례처럼 말이다(164).

애초에 숙의민주주의는 직접민주주의의 실현 가능성에 의문을 가지고 구상된 모델이었다. 그에 반하여 의회 입법의 효력을 국민투표로써 무효화시키는 직접민주주의는 대의제보다 국민주권이 우월하다는 민주주의 원리에 합치한다. 표본에 불과한 시민배심원단과 비교하여 국민 전체의 의사라는 점에서 패배한 측의 반발을 좀 더 무마시킬 여지가 있게 된다.

4장

디지털 거버넌스를 가능하게 한 새로운 테크놀로지, 블록체인

직접민주주의는 스위스처럼 작은 나라에서나 가능한 것일까?

참여민주주의자로 대표되는 맥퍼슨이나 페이트먼는 대의제를 치워버리고 직접민주주의 제도를 정치·사회·경제 영역에 확대하는 것이 가능하다는 견해를 거부한다고 표명했다(데이비드 헬드 402). 그러면서 맥퍼슨은 '인구가 밀집된 복잡한 사회에서 민주주의의 범위를, 정기적 선거 참여에서 더 나아가 삶의 모든 영역의 의사 결정에 대한 참여로까지 확대하는 것이 실행 가능한가?'라고 질문한다(데이비드 헬드 400). 숙의민주주의 이론가들 또한 직접민주주의가 현실적으로 실현되기 어렵다고 전제하기 때문에, 공론조사 모델이나 배심원 모델을 제시했던 것이다. 쉽게 얘기해서 '직접민주주의는 스위스처럼 작은 나라에서나 가능한 것 아니야?'라는 생각이 그것이다.

그런데 만약 PC나 모바일을 이용하여 인터넷으로 아무 데서나 투표를 할 수 있다면, 더 이상 직접민주주의를 작은 나라에서나 가능한 것으로 치부할 수 없을 것이다. 현재 논의되는 전자투표제도는 3단계로 구분되고 있는데, 1단계는 정해진 투표소에서 전자식 투표기로 투표하는 투표소 전자투표(Poll Site E-Voting), 2단계는 정해지지 않은 임의의 투표소에서 전자식 투표기로 투표하는 키오스크(kiosk, 터치스크린 방식의 무인단말기) 방식의 전자투표(Kiosk E-Voting), 3단계는 가정이나 직장에서 PC, 스마트폰 등을 통해 투표할 수 있는 원격 인터넷 투표(Remote Internet E-Voting) 방식이다(김재선 「21세기 전자정부와 전자투표제도」 19~24).

그런데 전자투표의 3단계 방식은 아직도 보편화되지 않았다. 기업에서의 일반적인 IT 보안이슈가 외부인에 의한 공격인데 반하여, 전자투표에서는 관리자에 의한 투표결과의 왜곡 조작이 더 큰 문제이다. 선거관리위원회라는 중립적인 헌법기관(대한민국헌법 제114조)이 존재하지만, 집권당의 영향력을 배제할 수 없어서 투표관리자가 의도적으로 투표결과를 왜곡할 경우에 사실상 통제수단이 없다. 노골적으로 말해서 중앙 관리자를 신뢰할 수 없는 것이다.

신뢰할 수 없는 상황에서 신뢰할 수 있는 결과를 어떻게 얻어낼 수 있을까?

'신뢰할 수 없는 상황에서 신뢰할 수 있는 결과를 어떻게 얻어낼 수 있을 것인가'라는 문제에 관하여, 컴퓨터공학에서 논의하는 주제가 '비잔틴 장군의 딜레마'이다. 미국의 컴퓨터공학자인 레슬리 램포트(Leslie Lamport)가 로버트 쇼스탁(Robert Shostak), 마셜 피스(Marshall Pease)와 함께 1982년에 발표한 논문 [The Byzantine Generals' Problem]에서 최초로 제기하였다. 지중해 연안을 장악한 비잔틴(동로마) 제국은 지형적 특성상 서로 떨어진 상태에서 각 부대 장군들이 전령을 교신하면서 공격계획을 함께 세웠어야 했다. 각 장군들이 적군의 성을 차지하기 위해 같은 시간에 동시에 공격해야 하고, 과반수 이상의 군대로 공격하지 않으면 전쟁에서 패하게 된다. 각 장군들은 가장 가까운 장군에게 전령을 통해 공격시간을 연락할 수 있는데, 장군들 중에는 배신자가 있어 실제 메시지와 다른 공격시간으로 위조할 가능성이 있다. 비잔틴 제국 시절에 비교하여 지금은 통신시설이 잘 갖춰졌지만, 보안에 취약하고 네트워크를 사용하는 사용자수가 늘어날수록 안전한 통신 알고리즘이 필요하다는 점에서, 통신이 쉽지 않았던 비잔틴 제국과 실질적으로 동일한 상황으로 간주할 수 있다는 것이 위 주제의 기본 전제이다.

램포트의 결론을 단순화하면 다음과 같다. 우선, 구두 메시지로 명령을 전달한다면, 전체 장군 중에 충성스러운 장군이 2/3를 초과해야 한다. 배신한 장군이 2명이라면 충성스러운 장군이 5명 이상이어야 하는 셈이다. 단, 모든 메시지는 정확하게 전달되고, 모든 수신자는 메시지의 발신자를 알며, 메시지의 부재 또한 알 수 있어야 한다는 가정이 있어야 한다. 만일 명령을 구두 메시지가 아니라 서명한 메시지로 보낸다면, 충성스런 장군의 서명을 위조할 수 없고, 모든 수신자가 모든 장군(충성스런 장군이든 배신한 장군이든)의 서명의 진위 여부를 검증할 수 있다는 가정 아래에서, 충성스런 장군이 전체 장군의 과반수를 차지하면 된다. 여기서 시스템 구성 요소 중 일부가 오류를 야기해도 전체로서는 정상 동작하는 시스템을 '장애 허용 시스템'이라고 말한다. '비잔틴 장애 허용'(Byzantine fault tolerance)은 시스템의 올바른 동작을 위해 합의가 필요한 상황에서 합의에 도달하지 못해 발생하는 시스템 상 오류(비잔틴 실패)를 막을 수 있는 '장애 허용 시스템'의 한 유형이다.

비잔틴 장군의 딜레마와 블록체인

2008년 '사토시 나카모토'(Satoshi Nakamoto)가 레슬리 램포트의 비잔틴 장군 문제를 [Bitcoin : A Peer-to-Peer Electronic Cash System](비트코인 : P2P 방식의 전자화폐 시스템)이라는 그의 논문에서 작업증명(Proof of Work; POW) 방식의 합의알고리즘을 통해 해결했다. 비트코인은 분산된 개인 간(P2P) 네트워크에서 암호학적 증명에 기반 하여 신뢰받는 제3자(Trusted Third Party) 없이 직접 거래하게 해주는 디지털 화폐 시스템이란 아이디어로,

최초로 구현된 블록체인이다. 10명의 장군이 있다고 할 때에 모든 장군은 동시에 푸는데 10분이 걸리는 해시함수(Hash Function)를 풀기 시작하며 이 문제를 풀어야만 공격시간을 알 수가 있다. 해시함수는 고등학교 수학시간에 배웠던 함수가 아니고, 컴퓨터 암호화 기술의 일종이다. 하나의 문자열을 좀 더 빨리 찾을 수 있도록 접근 가능한 짧은 길이의 값으로 변환하는 알고리즘을 수식으로 표현한 것이다. 이러한 해시함수를 푼 장군은 모든 다른 장군에게 문제의 해답과 풀이과정을 블록으로 만들어 전달한다. 다른 장군들은 그것을 검증한 뒤 받은 블록을 갖고 있던 블록에 체인으로 연결하고, 다음 해시값을 풀기를 반복한다. 만약 그 중 배신한 두 장군이 B라는 답을 가진 블록을 모두에게 보내고, 나머지 여덟 장군이 A라 답을 가진 블록을 모두에게 보냈다고 하자. 그러면 이 두 서로 다른 값을 가진 블록을 받은 각 장군의 블록체인은 일시적으로 A값을 가진 블록체인과 B값을 가진 블록체인을 분기하게 되는데, A값을 가진 블록이 훨씬 긴 블록체인을 형성하게 되고, 이것을 정답으로 채택하게 된다. 이로써 비잔틴 장군의 딜레마를 해결하게 되는 것이다.

거래정보를 원장(ledger)이라 하고, 이러한 거래정보를 저장하는 디지털 단위를 '블록'(block)이라고 부르고, 이것이 서로 연결되어 있는 형태가 블록체인(block-chain)이다. 그런데 이 원장을 한 기관이 독점적으로 보유하는 것이 아니라, 다자간에 보유한다고 하여 분산원장(Distributed Ledger) 시스템이라고 부른다. 비트코인의 작업증명(PoW) 방식에서는 해시(Hash) 알고리즘을 통해 제시된 특정한 난이도의 해시값을 맞추려고 시도하고 이것을 맞춘 노드가 블록을 생성할 수 있는데, 이러한 과정을 채굴(mining)이라고 한다. 그리고 블록을 생성하기 위해 이 해시값을 맞추기 위해 컴퓨팅 파워를 사용한 대가로 코인을 받는다. 블록을 관리하는 네트워크 참여자를 노드(Node)라고 부르며, 모든 노드는 인터넷으로 서로 연결된다. 이러한 블록체인 생태계 안에서 거래가 이루어질 경우에 거래 당사자 사이에 정보가 입력되는데, 이를 트랜잭션(transaction)이 생성되었다고 부른다. 이 거래정보는 둘 사이에서 끝나지 않고, 인터넷을 통해 전파(broadcast)되어 모든 노드에 공유된다. 거래 정보를 받은 노드들은 '실제 존재하는 정보인지', '적혀 있는 서명이 올바른지' 등에 관하여 검증을 하고, 정보가 올바르다고 판단하면 승인하는 과정을 거치고, 오류가 발견되면 바로 폐기한다. 해시를 계산하는 총 연산 능력(해시 파워)의 50%를 초과하는 참여자들의 동의를 거쳐 유효성이 확인되면 후보 블록은 이전 블록과 체인으로 연결되어 블록체인 원장으로 완성된다. 다수의 참여자들이 통일된 의사결정을 위해 사용하는 알고리즘을 합의 알고리즘이라고 하는데, 위에서 설명한 것은 1세대 블록체인인 비트코인의 작업증명(PoW) 방식이다. 좀 더 정확하게 말하면 가장 긴 체인을 선택하는 방식이다. 그 외에 지분증명(PoS), 위임지분증명(DPoS), 참여증명(PoE)의 방식이 있다. 이렇게 네트워크 참가자의 합의를 통해서만이 의사결정을 할 수 있다는 점에서, '디지털 민주주의'라고 불러도 손색이 없을 것이다.

블록체인은 하나의 네트워크를 구성하는 모든 참여자가 공동으로 거래정보를 검증, 기록, 보관함으로써 '공인된 제3자'가 없어도 거래 기록의 신뢰성을 확보할 수 있는 기술이다. 수많은 사용자들이 참여하는 P2P(Peer to Peer) 네트워크상에서 데이터 무결성을 보장하는 것이 핵심이다(55). … 이제 전통적인 통제자와 중개자의 개입 없이 공급자와 구매자 간에 직거래가 가능한 분산형 마켓플레이스가 실현될 수 있다. … 블록체인이 가져올 변화의 본질은 한마디로 '정보의 민주화'이자 새로운 '거버넌스'의 탄생이다. … 전통적인 중개자 역할이 '하향감시'라고 한다면 블록체인 기술은 일종의 '상향감시'다. 데이터에서 플랫폼 권력이 나오듯이 권력의 분산은 데이터 권력의 분권을 수반하는 새로운 패러다임을 만든다(47~48, 오세현 ·김종승 「블록체인노믹스」(2017)).

암호화폐와 블록체인

2018년 1월 19일자 썰전에서, 유시민이 암호화폐를 도박이라고 표현했고, 백해무익하다고 말했다. 17세기 튤립버블을 예로 들며 튤립 투기를 분석하기 위해 식물학을 알아야 하느냐고 반문하면서, 블록체인 기술을 알지 못해도 암호화폐의 광풍을 분석할 수 있다고 단언했다. 암호화폐는 블록체인이라는 기술을 빙자해서 대중을 현혹하는 것이라고 목소리를 높였다. 그리고 암호화폐와 블록체인의 분리가 가능한지 여부를 떠나 암호화폐를 규제해야 한다고 말했다. 사실 그는 규제의 내용을 설명하지 않았는데, 그가 말하는 규제는 금지였다. 왜냐하면 암호화폐는 백해무익하다고 전제했기 때문이다. 또 같은 날에 방송된 JTBC의 뉴스토론에서 '암호화폐는 화폐인가'라는 주제로 유시민 작가, 카이스트 뇌공학과 정재승 교수, 암호화폐거래소 코빗의 창업자 김진화 대표, 경희대 한호현 교수가 토론했다. 그리고 그 토론에서 유시민이 압승했다고 네티즌들은 평가했다.

그런데 애초에 암호화폐는 화폐가 아니라는 점에서, 토론의 주제 자체가 틀렸다. 사실 이런 오해를 불러일으킬 만한 이유가 있다. 2008년 '사토시 나카모토'의 [Bitcoin : A Peer-to-Peer Electronic Cash System](비트코인 : P2P 방식의 전자화폐 시스템)이라는 논문이 그 이유다. 사토시 나카모토가 블록체인 기술을 구현하는 사례로 화폐를 선택한 탓이다. 그래서 블록체인이 법정화폐를 대체하는 기술로 오인된 것이다. 그렇기 때문에 비트코인의 변동성을 이유로 화폐가 가져야 할 교환성이나 가치저장성 등이 없다는 반박이 유력한 의미를 가지게 된 것이다. 이 지점에서 경제학을 전공했다고 자부하는 유시민이 경제학의 화폐론을 언급하며, 그토록 자신 있게 비트코인과 블록체인을 백해무익하다고 단언했던 것이다.

그러나 블록체인은 분산 원장, 즉 분산된 데이터블록에 데이터를 저장하고 이러한 블록을 연결하여 정보의 진위를 증명함으로써 정보의 위변조를 어렵게 하는 기술을 뜻한다. 다시 말해서 '공인된 제 3자', 즉 '중앙의 관리자' 없이도 쉽게 위변조 할 수 없는 데이터 저장을 가능하게 하는 것으로, 이로써 신뢰할 수 없는 환경에서 신뢰할 수 있는 결과를 얻어낼 수 있게 된 것이다. 사토시가 그러한 시스템으로 화폐를 하나의 예로 구현한 것일 뿐이다. 2013년 비탈릭 부테린(Vitalik Buterin)이 [A Next-Generation Smart Contract and Decentralized Application Platform](차세대 스마트 컨트랙트와 탈중앙화된 어플리케이션 플랫폼)이라는 백서를 발표하고서, 이른바 제2세대 블록체인으로 불리는 이더리움(Ethereum)이 세상에 그 모습을 보였다. 이더리움은 금융거래로 제한되었던 비트코인의 '스마트 계약'(Smart contract)을 확장시켰다. 스마트 계약은 합의 프로세스를 자동화한 컴퓨터 프로그램으로, 이를 통해 다양한 분산형 애플리케이션(DApp, Decentralized Application)을 개발할 수 있게 되었다. 결국 이더리움을 기반으로 새로운 블록체인 애플리케이션이 창조될 수 있게 되어, 명실공히 블록체인의 제2세대를 연 것이다.

현재 블록체인이 사용된 사례를 보면, 제3세대 블록체인으로 지칭되는 여러 플랫폼 중에 이오스(EOS)는 병무청에서 신원인증 소프트웨어로 사용되고 있다. 병무청이 사용하고 있는 라온시큐어의 옴니원은 EOS 퍼블릭 블록체인의 기반 소프트웨어인 EOSIO를 플랫폼으로 하여 개발한 것이다. 리플(Ripple, XRP)은 전 세계 은행 간 실시간으로 수수료 없이 빠르게 거래를 할 수 있는 시스템으로 현재 광범위하게 사용되고 있다.

블록체인의 생태계는 데이터블록을 생성한 노드(node)에 의해 지탱되기 때문에, 당연히 채굴에 참여하는 노드 운영자에게 보상을 해야 할 필요가 있고, 이 때 주어지는 보상이 암호화폐다. 무수하게 많은 노드가 인터넷으로 서로 연결되어 있어서, 이들 모든 노드의 해시파워 합의 50% 이상을 장악하여 블록을 위조하기가 매우 어렵기 때문에 신뢰할 수 없는 환경에서 신뢰할 수 있는 결과를 만들 수 있게 된 것이다(퍼블릭 블록체인). 따라서 제한된 범위 내에서의 프라이빗 블록체인이 아니라면, 적어도 퍼블릭 블록체인에 있어서는 암호화폐와 블록체인은 결코 분리될 수 없는 것으로, 둘의 분리여부를 논하는 것 자체가 블록체인에 대해 이해하지 못한 것이다. 사토시 나카모토가 첫 번째 블록체인으로 화폐시스템을 개발한 나머지 암호화폐가 화폐로 오인된 것일 뿐, 오히려 암호화폐는 주식에 가깝다. 그렇기 때문에 해당 블록체인이 유용하게 활용되고 사용범위가 확장될수록 그 블록체인에서 보상으로 지급하는 코인의 가치가 상승하는 것이고, 또한 상승해야 마땅하다. 다시 말해서 코인이 독자적인 가치를 가지는 것이 아니라, 해당 블록체인의 확장성과 유용성이 코인 가치의 근거가 되는 것이다. 주식이 독자적인 가치를 가지는 것이 아니라, 해당 주식을 발행한 회사가 창출하는 수익이 주식 가치의 근거가 되는 것과 마찬가지다.

2021년 6월 16일 블룸버그통신에 따르면, 미국 SEC(증권거래위원회)가 비트코인 ETF 상품 승인 신청에 대해 '더 많은 대중의 의견을 들어볼 필요가 있다'면서 보류를 결정했다. ETF(Exchange Traded Fund)는 상장지

수펀드로 번역되는데, 주식, 채권, 통화, 원자재 등의 가격지수를 추종하는 것이 목표인 인덱스펀드의 지분을 거래소에 상장하여 일반주식처럼 거래토록 한 금융상품이다. 구체적으로 ETF와 관련된 신탁과 주식이 조작될 수 있는지, 비트코인이 투명한지, 상장 계획에 사기나 조작을 막을 방안이 포함돼 있는지 등 여부를 묻겠다는 것이다. 암호화폐를 투자자산으로 볼 수 있을 것인지 여부가 문제되는 것이지, 화폐인지 아닌지 여부는 애초부터 논점이 아니다.

해당 블록체인이 유용하고 그 활용범위가 확장된다면, 그 보상으로 주어지는 코인에 가치가 부여되어야 하는 것이고, 이것은 2021년 6월 17일 종가기준으로 시장에서 형성된 카카오의 주가 148,000원을 정당한 것으로 간주하는 것과 마찬가지다. 따라서 주식시장에 상장되는 회사의 자격을 정부가 관리하고, 시세조종행위를 엄격하게 규제하는 것처럼, 코인시장도 마찬가지로 관리해야 하는 것이다. 주식과 부동산에 투자할 만한 자금을 가지고 있지 못한 2030세대가 느끼는 상대적 박탈감이 동력이 되어 비트코인 광풍을 만들었다. 그리고 정부는 코인시장을 도박판으로, 그들 모두를 도박중독자처럼 보고, 알아서 하라면서 방치했다. 이 틈을 타서 수많은 사기꾼들이 아무런 효용성이 없는 쓰레기 잡코인을 만들어 관리되지 않는 거래소에 상장하고 시세를 조종하여, 개미들의 돈을 갈취했다.

자본주의의 꽃으로 불리는 주식시장도 자본주의 초기 단계에는 도박판에 다름없었고, 숱한 범죄의 온상이었다. 그러다가 통정매매, 가장매매, 자전거래 등의 시세조종행위, 미공개중요정보 이용행위 등에 대한 규제가 이루어지면서, 조금 더 합리적인 시장으로 탈바꿈한 것이다. 현재 나타나는 암호화폐의 극심한 변동성은 각국 정부의 규제의 불확실성으로 인해 발생한 자산시장으로서의 위험성이지, 암호화폐의 본질이 아니다. 애초에 아무런 관리도 하지 않고서 극도의 투자위험성을 초래해 놓고, 갑작스럽게 전면적 금지 정책을 편다면, 주식시장도 그만큼의 변동성을 보일 것이기 때문이다. 어찌 되었든지 철저하게 국민들에게 책임을 떠넘긴 정부의 무능과 무책임으로부터 비롯된 결과다. 이렇게 입법권을 독점하고 있는 정치엘리트가 무능할 때에, 대의제 아래의 시민이 할 수 있는 일은 아무 것도 없다.

블록체인을 바탕으로 한 디지털 민주주의

암화화폐 거래소가 해킹되는 것은 블록체인이 해킹되는 것이 아니라 블록체인 이외의 부분이 해킹되는 것으로, 예를 들어 거래소가 보관하는 전자지갑의 키가 해킹되는 것이다. 요컨대 블록체인에 있어서는 거래정보를 변조한 악의적인 노드가 분산 시스템에 참여한 경우에 50% 이상 노드의 합의를 거치지 않으면 정보를 변경할 수 없기 때문에, 정보의 위변조가 어렵다는 뜻이다. 종이투표에 의한 선거에서 부정선거의 의혹이 제기되면, 투표용지를 재검표하면 되지만, 디지털 기록은 재검표가 불가능하다. 예를 들어 모든 투표자가 자신의 투표결과를 확인할 수 있다고 하더라도 관리자가 투표의 합계결과를 조작한다면, 개별 투표결과 확인의 총합이 투표 합계결과의 무결성을 보증하지 못한다. 결국 시스템이 그 자체로 정보의 위변조가 불가능하다는 전제가 확보되지 않으면 전자투표는 시행되기 어려운 것이다.

모든 것이 인터넷상에서 이루어지는 블록체인 기반 전자투표 시스템이 전면 도입되면 다수의 참여로 투표율도 대폭 상승한다. 투표 참여자는 블록체인 거래 참여자처럼 익명성을 보장받으면서도, 투표 시스템의 무결성을 검증하는 구성원이 된다. 비밀투표의 원칙을 지키면서도 투표결과는 모두에게 투명하게 공유된다(180). … 블록체인 투표가 투명하고 안전하다는 인식이 생기고 긍정적인 반응을 얻게됨에 따라, 2014년에는 덴마크 정당 '자유동맹당'은 코펜하겐의 교외지역인 히비도브레에서 개최한 연례회의에서 세계 최초로 내부 의사결정을 위한 투표에 블록체인 기반의 전자투표 시스템을 활용했다. … 2014년, 스페인의 신생정당 '포데모스'(Podemos)는 공정한 투표 시스템 구현을 위해 블록체인을 적용한 '아고라 투표'(Agora Voting)를 선보였다. … '루미오'(Loomio)와 '데모크라시 OS'(Democracy OS) 애플리케이션과 같은 디지털 의사결정 플랫폼으로 다수의 시민들로부터 새로운 정책 제안과 찬반의견을 수렴한다(181~182, 오세현 ·김종승 「블록체인노믹스」(2017)).

전자투표 시행을 방해하는 가장 중대한 이유가 관리자에 의한 조작 가능성인데, 블록체인은 '신뢰할 수 없는 환경에서의 신뢰성 있는 서비스 운영'을 가능하게 하는 핵심적인 기술을 마련하였다. 이로써 '디지털 거버넌스'를 가능하게 하였다. 1991년 러시아로부터 독립한 북유럽 국가인 에스토니아(Estonia)는 세계 최초로 2005년 모든 국민의 전자ID 시스템과 전자투표 시스템을 도입했다. 유권자의 대부분이 소유하고 있는 디지털 인증서가 들어있는 ID카드를 바탕으로, 블록체인에 기반을 둔 전자투표 시스템 '아이보팅'(i-Voting)을 구축하였다. 이 때 두 개의 블록체인을 사용하는데, 하나는 유권자가 등록을 했는지 여부에 관한 블록체인으로, 투표를 안 한 유권자를 확인하기 위한 트랜잭션을 기록하여 이중투표를 방지한다. 또 다른 하나는 투표 내용, 즉 기호 몇 번에 투표를 했는지에 관한 블록체인이다. 이로써 유권자의 익명성이 보장된다.

더 이상 '직접민주주의는 스위스처럼 작은 나라에서나 가능한 것 아니야?'라는 질문을 해서는 안 된다. 이 같은 질문은 블록체인을 도박장 코인 정도로 생각하는 무지함만큼이나 몽매한 것이다.

이제 상시적인 국민투표를 실행할 수 있는 기술적 기반을 갖추었기 때문에 지금부터는 국민투표를 하느냐 마느냐가 중요한 게 아니다. 즉 국민투표를 실시하기 전에 충분한 토론의 기회가 보장되었는지, 토론을 위해 투명하게 정보가 공개되었는지, 그리고 합리적이고 이성적인 토론 문화가 확립되었는지 여부가 더욱 중요하게 된다. 시민발의와 국민투표로써 시민들은 엘리트와 권력을 공유하게 되었다. 이러한 권력의 공유가 올바른 정책결정으로 귀결되기 위해서 우리는 '민주주의의 적(敵)'과 싸워야 한다.

5장

민주주의의 적(敵)

민주주의의 첫 번째 적
― 시민들의 정책 결정능력을 의심하는 것

　민주주의의 첫 번째 적(敵)은 시민들의 정책 결정능력을 의심하는 것이다. 이러한 주장을 펴는 사람들은 폭민(暴民)의 정치 혹은 중우정치(衆愚政治)를 우려한다. 그들은 스스로를 민주주의자라고 부르지만, 사실은 민주주의의 반대자들이다. 슬라보예 지젝(Slavoj zizek)은 그의 팜플렛 「민주주의에서 신의 폭력으로」에서 '날로 확산되는 비상사태의 논리에 따라 증대되는 행정부 수장의 특권에 의해서뿐만 아니라 거대 다수의 수동화를 수반하는 의회주의적 행태에 의해 민주주의의 기초가 위협 받는다'고 지적하면서, 다음과 같은 실례를 언급했다.

2007년 가을, 체코공화국에서는 국민적 논쟁이 맹위를 떨쳤다. 국민 대다수(약 70%)가 미 육군의 레이더 기지를 자국 영토에 설치하는 데 반대했는데도 정부가 이 계획을 진행시켰던 것이다. 정부 대표들은 이처럼 국가안보와 관련된 민감한 사안을 투표에 부쳐서는 안 된다고 주장하면서 국민투표에 대한 요구를 거부했다. 그런 사안들은 군사 전문가들의 몫이라는 것이다. 만일 이 논리를 끝까지 밀고 나간다면 이상한 결론에 도달하게 될 것이다. 그렇다면 투표에 부칠 사안이 있기는 한가? 경제에 관한 결정은 경제 전문가들의 몫이어야 하고 다른 사안도 마찬가지이지 않는가?(168)

'군사 문제는 군사 전문가, 경제 문제는 경제 전문가들의 몫이라면 도대체 투표에 부칠 사안이 있기는 하냐'는 지적의 탄식에 공감하지 않을 수 없다. 지금의 체제는 대통령이 된 윤석열이나 이재명이 정책으로 결정한 것이 문제가 있다고 하더라도 그대로 따르라는 것이다. 그리고 다음 선거 때에도 사람을 바꿀 수 있을 뿐 문제를 해결할 정책을 바꾸지는 못한다. 결국 지금의 선거는 단지 엘리트의 권력을 승인하는 형식적 절차에 불과하다. (1) 투명한 정보 공개, (2) 증거를 동반한 다양한 의견의 제시 그리고 (3) 충분한 시간이 보장된 토론의 기회가 주어진다면, 우리의 시민들은 반드시 올바른 결론에 도달하게 될 것이다. 대통령으로 이재명을 뽑을 것인가, 윤석열을 뽑을 것인가가 민주주의가 아니고, 정책을 고민하고 토론하고 투표로써 결정하는 것이 민주주의다. 사람을 뽑는 것은 민주주의가 아니며, 진정한 민주주의는 시민이 스스로 정책을 결정하는 것이다.

시민의 정책 결정능력을 의심하는 논자들은 다양한 의견의 제시를 국론의 분열로 간주한다. 김재선은 그의 「21세기 전자정부와 전자투표 제도」에서 다음과 같이 '전자 민주주의의 한계'를 주장하였다.

전자투표의 지나친 활성화는 빈번한 투표로 인하여 국론을 분열 시키고 다중에 의한 통치로 나타날 수 있다. 즉 전자투표를 통한 국 민투표 및 국민발안의 일상화는 입법과정의 심도 있는 논의와 타협 을 생략하고 대중의 즉흥적 태도를 정책결정과정에 그대로 반영할 수 있으며, 이러한 상황은 안정적 정치체제의 확립에 위협이 될 수 있다(54).

'다중에 의한 통치'라는 문구에서 드러나듯, 김재선은 기본적으로 민주주의를 부정적으로 바라보고 있다. 다양한 의견이 제시되고 그로 인해 토론이 활성화되는 것을 '국론을 분열 시킨다'라고 표현하는 것은 박정희-전두환 시절의 전체주의적 사고이다. 다양한 의견과 그에 따 른 토론이라는 과정을 통해 국론이 통일되는 것임에도, 논리의 선후가 역전되었다. 브르노 카우프만이 말하는 '시민들의 브레이크' 없이 의회 의 법률이 강행되고 박정희-전두환처럼 반대의견을 억압하면, 일단 은 국론이 통일된 것처럼 보일 것이다. 그러나 실제로는 해소되지 않은 갈등이 겉으로만 봉합되고, 속에서 곪아 언젠가는 폭발하게 된다. 따라서 당연히 의회의 입법에 대해 반대하는 시민들의 의견이 공론화될 필요가 있으며, 이러한 공론화 과정을 '국론의 분열'이라고 불러서는 안 된다. 심지어 김재선은 대중의 즉흥적 태도로 정책이 결정되는 것을 우려하고 있는데, 이것은 전자투표의 문제점이 아니라 국민투표 절차의 문제이다. 투표 전에 (1) 정보의 투명한 공개, (2) 합리적이고 심도 있는 토론 기회의 보장, (3) 소수 의견에 대한 절대적 존중의 규칙을 확립하느냐 그렇지 못하느냐에 달려 있다. 만약 합리적이고 이성적인 토론 규칙과 문화를 갖추게 된다면, 그가 우려하는 전자투표의 '지나친' 활성화는 민주주의의 '비약적인 발전'으로 귀결될 것이다.

중우정치에 대한 우려에도 불구하고, 민주주의를 채택해야 하는 첫 번째 이유는 독선에 빠진 권력 엘리트가 자신의 오류를 스스로 수정하지 못하기 때문이다. 둘째는 진리에 접근하기 위해서다. 다만 수의 독재를 피하기 위해 토론의 과정, 즉 (1) 투명한 정보 공개, (2) 증거를 동반한 다양한 의견의 제시 그리고 (3) 충분한 시간이 보장된 토론의 기회가 절대적으로 보증되어야 한다. 설령 이런 과정을 통해 내려진 결정에 오류가 있었다고 하더라도, 다시 위와 같은 과정을 거친다면 종전 결정을 수정하고 최적의 결정에 접근할 수 있을 것이다. 우리 국민 대다수가 고등교육을 마쳤다는 점에서, 만약 위와 같은 과정을 거칠 수만 있다면, 설령 그 분야의 전문가가 아니더라도 합리적인 선택에 이를 수 있을 것이다. 셋째, 그 정책으로 인하여 직접적인 영향을 받는 당사자들이 그 결정 절차에서 배제되어서는 안 된다는 최소한

의 당위 때문이다. 마지막으로 사회적 갈등의 해소를 위해서다. 분명 위와 같은 과정은 긴 시간을 필요로 한다. 예를 들어 스위스연방헌법 제139조 제1항은 의무적 국민투표에 관한 공론화를 위해 18개월 동안의 시간을 명시했다. 하지만 속도가 빠르지 않다고 비효율적이라고 생각해서는 안 된다. 그러한 생각 자체가 반(反) 민주주의적이다. 입법의 취지가 제대로 공유되지도 않았고 그에 반대하는 그룹과의 갈등이 해소되지 않았는데도, 그런 와중에 법률을 빠른 속도로 강행하는 것이 도대체 무엇을 위한 효율성인지 되새겨 보아야 한다. 위와 같은 토론의 과정을 통해 충분한 정보와 다양한 의견을 청취할 기회를 가짐으로써, 그 결정으로부터 불이익을 입거나 그에 대해 반대하는 그룹으로 하여금 최종적인 결정을 양해하도록 해야 하는 것이다.

민주주의의 두 번째 적
– 다양한 의견과 합리적인 토론을 방해하는 것

민주주의의 두 번째 적(敵)은 다양한 의견과 합리적인 토론을 비이성적인 행동으로 방해하는 것이다. 근거를 대고 정책을 논하는 게 아니고 욕설을 하고 비난하며 편을 가르는 것이다. 이것은 결코 정치적 의사표현으로서의 민주주의적 정치행위가 아니다. 민주당 조응천 의원이 문재인 지지자들, 속칭 문파가 소속 초선의원들에게 욕설을 담은 문자폭탄을 보내는 것에 대해 비판하자, 오히려 민주당 김용민 의원과 윤건영 의원은 그 당원들을 옹호했다.

[2021. 4. 29.자 파이낸셜뉴스 「조응천 '문파 2000명' 저격 … 언급한 민주당 의원 3인은?]

조 의원은 29일 CBS라디오 '김현정의 뉴스쇼'에 나와 "강성 지지층으로부터 하루에 적게는 수백, 수천 개의 문자 폭탄이 쏟아지고 있다. 민주당 소속 의원들이 굉장히 위축되고 있다"며 이 같이 목소리를 높였다. 조 의원은 "70만 권리당원 목소리가 2000명 강성 지지층에 묻히고 있다"고 과잉대표 문제를 지적하며 "민주당이 '원팀'이라고 말하는데 뒤집어 생각하면 '친문 원보이스'로 가겠다는 것"이라고 덧붙였다. … 그는 또 "우리나라에서 정당은 사람 위주로 돼왔다. 3김 시대도 그렇고, 그걸 완전히 탈피했다고 보기 힘들다"고 짚으며 "지금도 지도자 위주, 대통령 팬덤 정치가 돼 있는데 이 같은 '바텀업 정치'가 아니고 당론이 정해주는 프로세스가 제대로 없다"고 강조했다. 그러면서 그는 "그러니까 어떤 의사결정 구조 과정 없이 '그 분의 뜻이다'라고 하면 거기에 따라야 하고, 조금이라도 어긋나면 (문자)폭탄이 날아오는 게 현실"이라고 날을 세웠다. 조 의원은 최고위원 후보 출사표를 던진 김용민 의원이 전날 "문자폭탄은 민주주의 사회에서 적극적인 의사 표시일 뿐, 오히려 권장해야 한다"고 말한 데 대해 "김 의원이 박주민 ·김종민 의원 등 그동안 전당대회에서 1위 했던 성공한 방정식을 따라가는 것"이라고 비판했다. … 또 이날 조 의원이 출연했던 라디오 방송에서 한 청취자는 "싫으면 떠나면 되는 게 아니냐"는 내용의 문자를 보내기도 했다.

김용민 의원은 '문자폭탄은 민주주의 사회에서 적극적인 의사 표시이고 오히려 권장해야 한다'고 말하고, 윤건영 의원도 2021년 4월 29일 MBC라디오 '김종배의 시선집중' 인터뷰에서 초선 의원들이 강성 지지자들로부터 '문자 폭탄'을 받은 것을 두고 "우리가 선출직 아니냐? 그 정도는 감당해야 한다"고 말했다. 그런데 위와 같은 사태가 어떤 정책에 관해 토론하는 과정에서 있었던 것도 아니고, 조국사태에 대한 평가 때문이었다. 조국 사태란 2019년 8월 9일 조국이 법무부장관으로 지명되면서, 윤석열 검찰이 그 부인과 자녀들의 입시비리, 사모펀드 사건, 웅동학원 사학비리 등을 이유로 기소한 사건에 관련하여 민주당 지지자와 보수당 지지자들이 대립했던 사건이다. 2021년 4월 중순경 4-7 보궐선거에서 민주당이 패배한 것에 관하여, 민주당 초선 의원들이 2019년 조국 사태로 민주당 정부의 공정성이 깨어진 사실을 사과한 것으로부터 비롯되었다. 문파 당원들은 조국을 문재인과 동일시하였는데, 조국 부인과 자녀들의 입시비리 문제는 도외시하고 윤석열 전 검찰총장이 문재인 정부의 검찰개혁에 저항하는 것으로 사태를 해석했다. 이로 인해 반성을 주장하는 민주당 초선 의원들에게 욕설을 담은 문자폭탄을 보냈던 것이다.

민주당과 보수당, 어느 쪽에도 가담하지 않는 스윙-보터의 시각에서 바라볼 때, 당시 조국 가족에 대한 윤석열의 검찰권 행사는 대규모 권력형 비리에 대응하는 것처럼 지나쳤다. 지금까지 검찰권이 그들 자의에 따라 선택적으로 행사되었다는 사실에도 동의하며, 검찰의 부패와 비리에 대해서는 전혀 사용되지 않았다는 사실에도 동의한다. 그런데 꼭 조국만이 검찰개혁을 이룰 수 있는 것인가? 검찰개혁의 정당성에 공감한다고 하여, 조국 가족의 비리에 눈감을 수 있을까? 2019년 10월경 서초동 집회의 슬로건은 '검찰개혁의 완수'가 아니라 '조국 수호'였는데, 본말이 전도된 것은 아닌가? 박근혜 정부와 비교하여 공정을 강조하고 집권했던 문재인 정부의 순결성은 어떻게 된 것인가? 과연 조국 또는 문재인에 대한 추종과 숭배가 민주적 시민의 정치참여와 공존할 수 있는 것일까? 과연 김용민의 주장처럼 욕설을 '민주주의 사회의 적극적 의사표시'라고 부를 수 있을까?

합리적인 토론문화는 민주주의 발전과 '정비례관계'에 있다. 우리에게 있어서 합리적인 토론을 가로막는 고질적인 병폐는 적대성이다. 나의 의견을 '절대선'으로, 나와 다른 의견을 가진 상대방을 '적(敵)'으로 간주하며, 토론이 아니라 욕설과 공격이 난무한다. 어떻게 하면 이런 적대성을 제거하고 합리적이고 서로를 존중하는 문화를 만들 수 있을까? 도대체 시민들 사이에 팽배해 있는 이러한 적대적 대립과 공격적 행동은 어디에서 기인하는 것일까?

민주주의의 세 번째 적
- 영웅주의와 전체주의

대중이 진영으로 나뉘고 적대적으로 행동하는 그 심리적 기저에 바로 '영웅주의'와 '전체주의'가 있으며, 이것이 민주주의의 세 번째 적(敵)이다. 자신이 권력을 장악하여 사회를 발전시키고 대중들을 평화롭게 하겠다는 정치엘리트의 마키아벨리즘이 영웅주의의 한 축을 차지한다면, 그 정치적 영웅에 대한 대중의 절대적인 숭배가 영웅주의의 또 다른 축을 차지한다. 그리고 그 영웅과 대중은 서로를 동일시하고, 정치적 반대파를 적으로 간주하면서 전체주의적 특징을 보이게 된다. 여기에 이르게 되면 민주주의의 주체인 시민들이 바로 민주주의의 적(敵)이 되어 버린다. 그리고 끊임없이 영웅에 대해 복종하고 영웅을 숭배하는 노예적 모습은 '인민은 과연 자기 통치를 원하는가?'라는 질문을 되새기게 한다. 영웅주의와 전체주의 문제는 제4부에서 살피기로 한다.

제 4 부

엘리트 과두정부를
어떻게 개조할 것인가?

1장

민주주의를 가장한 전체주의의 맹아

문파 파시즘 논란

우리나라 정치사에서 '빠'라는 단어의 시작은 노무현 지지자들이 그 시초인 것으로 보인다. 처음 노사모(노무현을 사랑하는 모임)라는 이름으로 시작했다가 '노무현 바라기'를 줄인 '노바'가 다시 경음화 되어 '노빠'로 변형되었다. 그 반대편에 있었던 박근혜 지지자들은 박근혜 탄핵 시국에 스스로를 '박사모'(박근혜를 사랑하는 모임)로 지칭했다. 문재인에 대해서는 '문빠'로 출발하여 '문파(文派)' 또는 '대깨문'(대가리가 깨져도 문재인)이란 이름까지 생겼다. 강부영 서울중앙지법 영장전담판사가 박근혜를 구속했을 때 '문파의 영웅'이 되었다가, 최순실의 딸 정유라에 대한 구속영장 청구를 기각하면서 '적폐 판사 명단'에 이름을 올렸다. 문파와 박사모는 모든 사회적 현상에 대해 오로지 당파적 이해에 따라 자신들의 입장을 정했다. 박사모가 문파를 빨갱이라고 부르고 문파가 박사모를 꼴통보수라고 부르며 서로에 대해 분노하는 것 말고도, 이런 분노와 공격성은 민주당 내에도 존재했다. 2021년 4월 말경 이재명 경기도지사를 비난한 민주당원이 제명되자, 친문 당원들의 반발이 있었다. 이재명 지지자들, 속칭 손가락혁명군이 문재인 대통령을 조롱하는 것은 왜 그냥 놔 두냐고 비난했다.

> [2021. 4. 25.자 연합뉴스 「이재명 비난한 당원 제명에 … 與게시판, 친문 당원들 시끌」]
>
> 이재명 경기지사를 공개적으로 비난한 더불어민주당의 한 당원이 최근 제명된 것을 두고 당 게시판이 시끄럽다. … 한 당원은 "대통령을 조롱하는 이재명 지지자들의 글은 허용하고 이재명에 대한 비판 글은 제명이고?"라며 이 지사 지지자들을 향해 "왜 님들이 배신자 소리를 듣고 만년 야당이란 소리를 듣겠니?"라고 비꼬았다. 반면 "이재명을 음해하고, 탈당하라는 강요 글이 도배하더니 잘 되었네요. 웹자보 제작 포스팅 첨부 등 음해 증거를 갖고 고발을 해야 한다"며 해당 당원의 제명은 당연하다는 글도 있었다.

그러나 하루 이틀의 일이 아니다. 2017년 민주당 경선에서 문재인 지지자들이 경선후보인 안희정과 이재명에 대해 '18원 후원금'과 모욕적인 문자폭탄을 보냈다. 그런데 2017년 4월 3일 문재인 후보는

〈MBN〉과의 인터뷰에서 "치열하게 경쟁하다 보면 있을 수 있는 일들이죠. 우리 경쟁을 더 흥미롭게 만들어주는 양념 같은 것입니다"라고 표현하였다. 나중에 문재인에게 '양념대군'이라는 별칭까지 생겼다.

한 동안 「조국백서」와 「조국흑서」가 나라를 흔들었다. 그러고 나서 2021년 4-7 보궐선거에서 민주당이 패배한 이후에, 민주당 소장파 의원 몇몇이 조국사태에 대해 사과하지 않은 당을 비판했다. 그러자 문파들은 그들을 향해 민주당을 떠나라고 공격했다. 박용진 민주당 의원이 이승만과 박정희의 공과를 따져야 한다고 하자, 속칭 '좌표 찍기'로 '민주당에서 탈당하라!' '국민의힘으로 가라'고 하면서 원색적인 욕설로 SNS를 도배했다. 문재인과 조국에 대한 추종자들에 관한 현상에 대해, 최장집은 '그들의 민주주의는 전체주의'라고 경고했고, 진중권은 '유사파시즘'이라고 했고, 윤평중은 '연성파시즘'이라고 비판했다.

2020년 7월 28일자 한국경제 백광엽 기자는 「한국 덮친 '낮은 단계 전체주의'」라는 기사에서, 문재인 정부를 독재 권력이라고 규정하고, '유치원3법, 공수처법, 4·3 및 5·18 특별법'을 전체주의 코드가 넘치는 반자유주의적 입법이라고 비판하며, 독재권력이 위기상황을 이용하는 것처럼 코로나라는 비상시국을 자양분으로 삼아 기본소득제 ·재난지원금이라는 전체주의적 거대정부의 욕망을 드러내고 있다고 썼다.

파시즘 논란에 대한 문파의 반론

문파의 입장을 아카데믹하게 정리한 글이 없어서 인용하기는 어려운데, 속칭 문파를 자칭하는 시민들이 웹사이트에 올린 여러 글들을 요약하면 이렇다.

(1) 전체주의 또는 파시즘이라고 하면 독재정권을 말하는데, 우리들은 박정희-전두환의 독재정권을 비판하는 사람들로, 정당이 경쟁해서 집권하는 체제를 옹호한다. 다만 보수정당이 옳지 않기 때문에 비판하는 것이다. (2) 박정희-전두환이 반대파들을 체포하고 고문했던 데 반하여, 우리들은 인터넷에서 댓글로써 비판하는 게 전부이며, 이러한 글은 정치적 의사표현이다. (3) 파시즘에 현혹된 대중들은 권력의 일방적인 정치선전에 학습된 우매하고 피동적인 존재들이었던 데에 반하여, 현재의 미디어들은 교차검증이 가능한 쌍방향의 공론장으로 바뀌었기 때문에 우리들은 정치적 문제들에 대해 스스로 사고하고 행동하는 사람들이다.

문파라고 불리는 시민들을, 종전의 혐오적이고 차별적인 표현을 서슴지 않았던 일베와 같은 박정희-전두환 지지자들과 나란히 비교할 수는 없다. 박구용은 그의 「문파, 새로운 주권자의 이상한 출현」에서 '문파는 탈정치, 탈민주주의를 극복하려는 시민들의 민주적 정치현상'이라고 정의 내렸다(28). 문파의 내면에는 엘리트들의 정치공학적 계산으로 난장이 된 의회와 낡은 이데올로기를 대표하는 사람들의 권력의 지로 오염이 된 광장을 극복하고, 좀 더 적극적으로 정치에 참여하려는 의지가 있다고 평가했다. 대의제 아래에서 의회와 언론이 주권자인 시민을 대변하지 못하자, 시민 스스로 자신들의 의견과 의지를 대변하는 정치와 매체를 만들려는 흐름 속에서 문파가 등장한 것이라는 게 박구용의 설명이다. 이는 특정 정치인에 대한 팬덤처럼 사소하고 일시적인 듯 보이지만, 새로운 민주주의를 열망하는 우리 시대를 압축적으로 표현하는 하나의 중대한 정치 현상이라고 박구용은 말한다. 하지만 그렇다고 하여 문파의 감정적 적대성과 공격성을 합리화할 수 있을까? 문제는 박구용이 긍정적으로 표현하는 것처럼 문파가 탈정치, 탈민주주의를 극복하고 있느냐는 것이다. SNS에서 좌표 찍기를 해서 특정 정치인에게 욕설을 해대는 게 전부인데, 과연 그것이 새로운 민주주의를 열망하는 정치적 행동일까? 아래에서는 문파 시민의 세 가지 반론에 대해 하나씩 짚어보기로 하자.

2021년 7월 2일 윤석열의 장모 최씨가 의료인이 아니면서도 의료재단을 설립해 요양병원을 개설하고 국민건강보험공단으로부터 요양급여 22억 9천만 원을 부정으로 수급한 것에 대해, 의정부지방법원이 사기죄와 의료법위반죄로 징역 3년을 선고했다. 법정에서 나온 장모 최씨에게 어느 윤석열 지지자가 크게 외쳤는데, "윤석열 장모님 힘내세요. 응원합니다!"라는 소리가 기자 마이크에 잡혔다. 윤석열을 지지한다는 이유로 범죄자인 최씨를 응원한다는 것은 납득하기 어려운 일이다. 장모 최씨에 대해 6년 전에는 입건조차 되지 않았던 것에 윤석열이 개입했는지 여부를 검증하는 것은 둘째 치고, 윤석열 지지자들은 조국 부인에 대해서는 1심 판결이 선고되기 전부터 죄인 취급을 하더니, 장모 최씨에 대해서는 "우리나라가 3심제이니까 대법원 판결까지 지켜봐야 한다"고 주장한다. 요컨대 문파에 대한 비판은 어느 특정 정파에 대한 것이 아니라 이 알량한(?) 영웅들을 추종하는 전체주의적 대중 모두를 대상으로 하는 것이다.

첫 번째 반론에 대한 진단
– 문파의 전체주의적 특징은 반(反)다원주의성에 있다

전체주의, 파시즘, 독재라는 개념이 혼용된 이유는 파시즘 권력이 정치적 독재체제를 구축하였다는 역사적 배경 때문이지만, 민주주의라는 용어사용의 과잉에도 기인한다. 즉 전체주의 반대도 민주주의, 파시즘 반대도 민주주의, 독재의 반대도 민주주의라는 인식이 보편적으로 자리 잡고 있기 때문에, 당연히 전체주의=독재로 생각하는 것이다. 첫 번째 반론의 주장처럼 문재인 정부를 독재 정권으로 규정하는 것은 옳지 않다. 독재는 특정 개인 또는 당파가 권력을 독점하여 권력의 교체가능성을 강제적으로 배제한 상태를 말하기 때문이다. 따라서 정당의 경쟁체제를 파괴했던 박정희 체제라면 모를까 문재인 정권을 독재라고 할 수 없다. 따라서 문재인 정부를 독재 권력이라고 비난한 한국경제의 백광엽은 '문파 파시즘' 논란에 저열한 논리로 숟가락을 얹으려고 한 것이다. 하지만 문재인 정부가 독재정권이 아니고 문파들이 경쟁적 정당체제를 지지한다고 하여, 그들의 전체주의적 경향이 부정되지는 않는다. 뒤에서 살피듯이 문파의 전체주의적 특징은 반(反)다원주의성에 있다.

두 번째 반론에 대한 진단
— SNS 욕설은 정치적 의사표현이 될 수 없다

파시즘(fascism)은 1919년 3월 23일 무솔리니가 결성한 파시스트당의 이름에서 따온 것이다. 이탈리아어 파쇼(fascio)에서 유래한 말로, 원래 이 말의 의미는 '묶음'이었는데, '결속' 또는 '단결'의 뜻으로 전용 되었다. 파시즘은 1922년부터 1942년까지 이탈리아를 지배하였던 무솔리니(Benito Mussolini)의 체제를 지시하는 고유명사에서, 나치즘, 스탈리니즘 등 전체주의를 포괄하는 일반명사로 그 의미가 확장되었다. 파시즘이 정치체제를 지칭하는 용어라면, 전체주의(全體主義, totalitarianism)는 정치이데올로기로서의 이념적 형태를 가리킨다. 전체주의란 개인의 모든 활동은 오로지 전체, 즉 민족이나 국가의 존립과 발전을 위하여 존재한다는 이념 아래 개인의 자유를 억압하는 사상 및 체제를 말한다. 전체주의의 정의는 논자에 따라 다르지만 그것은 독재적인 지도자의 지배와 시민적·정치적 자유의 부정을 전통적인 전제나 폭정 및 권위주의 체제와 공유하면서 그것들과는 달리 이데올로기에 의한 정치적인 동원이 강하게 이루어짐과 동시에 사적 영역이 파괴되어 전면적인 정치화가 진행된다. 즉, 경제활동이나 종교, 문화, 사상에서 여가에 이르기까지 당과 국가 권력의 통제 하에 실행하고자 하는 강제적인 획일화가 이루어지는 것이 특징이다. 또한 그 수단으로 테러가 이용되며 강제 수용소의 존재도 그 특징으로 되어 있다(21세기 정치학대사전).

전체주의가 국가적 차원에서 자행되었던 박정희 체제라면 위와 같은 전체주의에 관한 보편적 정의를 적용할 수 있을 것이지만, 문파에게 위와 같은 전체주의의 정의 전부를 덮어씌울 수는 없다. 다만 전체주의가 가지는 여러 속성 중 반(反) 다원주의적 특성이 문파의 전체주의적 경향이라고 진단할 수 있다. 즉 자신과 다른 정치적 의견에 대한 감정적 분노와 폭력적 공격성이 문파가 가지는 전체주의적 성향이다. 이러한 적대성은 합리적인 토론문화를 전제로 한 직접민주주의를 불가능하게 하고, 민주주의를 소수의 폭민(暴民)이 주도하는 광장의 정치로 타락시키게 된다.

인터넷 댓글이나 문자폭탄은 정치적 의사표현에 불과하다는 문파의 시각은 그 자체로 잘못되었다. 박정희-전두환 정권이 자행했던 정치적 반대파에 대한 체포와 고문에 비교한다면, 문파의 SNS에서의 욕설이 훨씬 가벼운 것은 사실이다. 하지만 그렇다고 하더라도 그것 역시도 용납되어서는 안 될 테러다. 정책에 관한 정상적인 토론과 사람에 대한 욕설은 전혀 다르기 때문이다. 더구나 문파가 주도하는 공격은 어떤 정책에 관한 논의가 아니고 사람에 대한 찬성-반대에 관련된 것들이 전부다. 문재인과 조국에 대한 한없는 칭송과 숭배 그리고 박정희, 윤석열에 대한 적대적 분노가 그것이다.

세 번째 반론에 대한 진단
– 전체주의와 다원주의 차이점은 반대파에 대한 태도와 자신의 신념을 실현하는 방법에 있다

'파시즘에 현혹된 대중들은 권력의 일방적인 정치선전에 학습된 우매하고 피동적인 존재들이었다'는 문파 시민의 주장에 대해, 대다수의 사람들이 수긍할 것으로 예상된다. 하지만 이러한 생각은 잘못된 전승인데, 이러한 잘못된 인식이 확산된 이유는 파시즘, 나치즘 그리고 스탈리니즘이라는 전체주의 운동을 국가적 차원에서 조직된 측면으로만 바라보고, 대중의 측면에서는 살피지 못한 때문이다. 다시 말해서 전체주의 운동의 대중이 강제적으로 그리고 수동적으로 참여한 게 결코 아니었으며, 그들이 능동적으로 그리고 이데올로기적으로 참여했다는 사실을 간과한 것이다.

한나 아렌트(Hannah Arendt)는 그녀의 「전체주의의 기원」에서 '히틀러가 단순히 독일 산업주의자들의 대리인이며 스탈린이 레닌 사후 벌어진 승계 투쟁에서 단지 사악한 음모를 통해서 승리했다는 널리 퍼진 확신은 모두 많은 사실들, 특히 지도자의 확실한 대중적 인기로 반박될 수 있는 전설이다.'라고 지적했다(17). 히틀러의 나치즘이나 레닌의 볼셰비즘을 전체주의로 승화시킨 스탈리니즘은 단순히 대중을 수동적인 도구로 인식한 것이 아니고, 그들 각자가 세계혁명의 주역이라는 사실을 강조했다. 아렌트가 인용한 나치스트들의 언설을 통해 이러한 사실을 엿볼 수 있다.

나치의 정치이론가들은 "무솔리니의 '윤리 국가'와 히틀러의 '이데올로기 국가'(세계관의 국가)는 같은 차원에서 동시에 이야기될 수 없다"는 점을 누누이 강조했다. … 괴벨스(나치 선전가–인용자)는 파시즘과 나치즘의 차이에 관해 이렇게 말했다. "파시즘은 결코 나치즘과 같지 않다. 후자는 뿌리까지 깊이 내려가는 데 반해 전자는 단지 피상적일 뿐이다." … 힘러(나치 친위대 대장–인용자) 역시 1943년 지휘관 회의에서 행한 한 연설에서 같은 견해를 표명했다. "파시즘과 나치즘은 근본적으로 다르다. 정신적이고 이데올로기적인 운동으로서의 파시즘과 나치즘은 절대적으로 비교될 수 없다." … 히틀러는 1920년대 초기에 나치와 공산주의 운동 사이의 유사성을 인정했다. "우리 운동에서는 두 극단이 합쳐진다. 좌측의 공산주의자들과 우측의 장교들과 학생들이다. 이 두 집단은 항상 가장 활동적인 요소들이었다. 공산주의자들은 사회주의의 이상주의자들이었다." … 나치 돌격대 대장인 룀이 1920년대 후반 다음과 같은 글을 썼을 때 그는 통용되는 견해를 되풀이했을 뿐이다. "우리와 공산주의자들 사이에는 많은 차이가 있다. 그러나 우리는 그들이 가진 확신의 진실성과 자신의 운동을 위해 기꺼이 희생할 수 있는 자세를 존경한다. 그리고 이 점이 우리를 그들과 연결시킨다."(21~22)

대중들이 우매했기 때문에 히틀러나 스탈린에게 충성했던 것이 아니고, 그들 각자는 자신의 신념에 충실하게 행동했던 것이다. 아렌트도 「전체주의의 기원」에서 '히틀러와 스탈린의 인기를 무지와 어리석음에 대한 능란한 거짓 선전의 승리 탓으로 돌릴 수 없다'고 지적하면서, 자신이 직접 본 나치스트나 스탈리니스트 활동가들의 신념을 이렇게 표현했다.

그들(히틀러와 스탈린-인용자)의 인기를 무지와 어리석음에 대한 능란한 거짓 선전의 승리 탓으로 돌릴 수는 없다. … 전체주의의 성공에서 방해 요소는 오히려 추종자들의 진정한 무욕이다. 나치 당원과 볼셰비키 당원의 확신이, 운동에 속하지 않거나 심지어 운동에 적대적인 사람들에 대한 범죄 행위에도 흔들리지 않을 것이라는 점은 이해가 간다. 그렇지만 놀라운 점은 그가 괴물 같은 전체주의 운동이 자신의 자식들을 집어삼키기 시작할 때, 심지어 그 자신이 박해의 희생자가 될 때, 그가 모함을 받거나 유죄를 선고받을 때, 당에서 숙청되어 강제 노동을 하거나 강제 수용소에 보내진다 하더라도 흔들리지 않을 것이라는 사실이다(18).

자기 조직원들의 심성 구조를 아주 잘 알고 있던 힘러가 다음과 같이 말했을 때, 그는 친위대원들뿐만 아니라 그들을 모집한 넓은 계층을 의미한 것이다. 그들은 "매일의 일상사"에는 관심이 없고, "수십 년 수백 년 동안 중요한 이데올로기 문제에만 관심이 있어서, 인간은 자신이 2000년에 단 한 번만 일어나는 위대한 임무를 위해 일하고 있을 안다"

예를 들어 김일성주의가 얼마만큼 개인의 주체성을 강조했는지, 그리고 그에 경도된 주체주의자들이 얼마나 주체적으로(?) 행동했는지를 떠올리면 쉬울 것이다. 위에서 본 것처럼 전체주의의 대중들이 자신의 희생을 두려워하지 않는 이유는 자신의 이데올로기에 대한 신념 때문이고, 한편으로 지도자에 대해 충성하는 이유는 지도자를 자신과 동일시하고 그러한 신념을 실현해 줄 자신들의 대변인으로 간주했기 때문이다. 아렌트 또한 「전체주의의 기원」에서 '전체주의 지도자는 사실상 그가 지도하는 대중의 대변인'이라고 지적했다.

파시즘의 진정한 목표는 단지 권력을 장악하고 그 나라 전체에 대한 명백한 통치자로서의 파시스트 엘리트를 확립하는 것이었다. … 전체주의 지도자는 사실상 그가 지도하는 대중의 대변인에 지나지 않는다. 그는 자신의 신하들에게 전제적이고 자의적인 의지를 행사하는 권력에 굶주린 개인이 아니다. 그는 단순한 대표로서 언제든지 대체될 수 있다. 그리고 그는 대중이 그에게 의존하는 만큼 자신이 구현하는 대중의 '의지'에 의존한다. 만약 지도자가 없다면 대중은 자신들을 대변할 외적인 대리인을 가지지 못하기 때문에 무형의 무리로 남게 될 것이다. 만약 대중이 없다면 지도자는 아무것도 아니다(46).

'파시즘에 현혹된 대중들은 권력의 일방적인 정치선전에 학습된 우매하고 피동적인 존재들이었던 데에 반하여, 우리들은 정치적 문제들에 대해 스스로 사고하고 행동하는 사람들이다.'라는 문파의 생각은 틀렸다. 문파가 민주주의라는 이름으로 행동하는 것처럼, 어느 이름 모를 나치스트와 볼셰비키, 김일성주의자도 세계혁명과 반제국주의를 위해 자기 스스로 사고하고 자신의 이데올로기와 신념을 실현해 나갔다. 박사모도 그렇고 트럼프 지지자도 그렇다. 우리가 절대 간과해서는 안 되는 것은 전체주의와 다원주의의 중요한 차이점은 자신과 다른 의견에 대한 태도이자 자신의 신념을 실현해 나가는 방식에 관한 것이다. 다원주의가 다양한 의견을 경청하고, 증거로써 논쟁하며, 합리적으로 결정하는 방식을 취하는데 반하여, 전체주의의 문제점은 자신에 대한 반대파를 적으로 간주하고 공격을 가한다는 데에 있다.

요컨대 전체주의 지도자가 마냥 자신에 대한 충성을 강요한 것이 아니고, 지도자와 대중이 동일하다는 전제에서, 대중들이 가지는 신념을 바로 지도자가 실현하는 것으로 인식했던 것이다. 따라서 그러한 지도자를 위해 자신을 기꺼이 희생할 수 있었던 것이며, 자신들의 정치적 반대파는 제거되어야 할 '적(敵)'으로 간주하고 거리낌 없이 테러를 자행했던 것이다. 그러나 나치즘, 스탈리니즘, 김일성주의와 같은 전체주의가 강조한 주체성이 진정한 주체성이 아님은 물론이다. 그들 이념이 강조한 주체성은 지도자와의 동일성을 전제로 한 주체성으로, 결국 대중이 지도자의 이념을 실현하는 도구로 전락한 것임에도 자신이 주체적으로(?)(?) 행동한다고 착각한 것이었다. 이러한 '주체의 착오'는 무엇으로부터 기인했던 것일까? 그들은 단지 '지도자의 도구'에 불과한 자신을 어떻게 지도자와 동일하다고 생각했을까? 전체주의적 대중은 왜 지도자에게 복종하고 그를 숭배하는가?

2장

대중은 왜 지도자에게 복종하고 그를 숭배하는가?

전체주의적 대중은 왜 지도자를 위해 자신을 희생하는가?

이러한 전체주의적 경향을 보인 집단적 대중주의 현상은 문파가 처음이 아니며, 노사모나 박사모도 있었으며, 그보다 훨씬 이전부터 있어 왔다. 멀리는 19세기 나폴레옹 보나파르트와 그 조카 루이 보나파르트 나폴레옹(나폴레옹 3세)에 대한 프랑스 농민들의 절대적 열망이 있었고, 히틀러에 대한 나치스트들, 스탈린에 대한 볼셰비키들, 김일성에 대한 주체주의자들의 절대적인 숭배가 있었다. 또한 이승만이나 김구에 대한 적극지지자들은 자신의 지도자를 위해 테러까지도 주저하지 않았다. 박정희와 김대중에 대한 지지자들도 똑같이 상대편 지지자들에 대해 적대적 분노와 공격성을 가지고 있었다. 다만 김일성, 이승만, 박정희가 자신에 대한 충성을 국가적 차원에서 적극적으로 조직했던 데에 반하여, 김대중, 노무현, 문재인에 대한 대중들의 지지는 지극히 자발적이었다는 차이가 있을 뿐이다. 이응준의 소설 「해피붓다」는 "(한국인들은) 대중선동에 쉽게 감염되는데 … 대중 파시즘에 쉽게 감염되고 휘둘리는 유전자와 후천적 무지를 가지고 있다"고 쓰고 있는데(218), 대중들의 정치적 영웅에 대한 복종과 숭배는 세계적 현상이자 역사적 현상이다. 트럼프가 대선에 패배하자 그 지지자들이 의회에 난입했던 2021년 1월 7일의 사건이 단적인 예인데, 그들은 자신이 경찰에 체포되어 처벌받는 것을 두려워하지 않았다.

트럼프 지지자는 왜 자신이 처벌받는 것을 두려워하지 않고, 무슨 이유로 트럼프를 위해 의회에 난입했을까? 왜 대중은 지도자를 위해 자신을 희생할까? 「파시즘의 대중심리」를 썼던 빌헬름 라이히(Wilhelm Reich)도 "대중들은 어째서 그것이 자신을 위한 것이라도 되는 양 자신에 대한 억압을 욕망하는가?"라고 질문하면서, 대중들이 무지하거나 환상에 빠져 있어서가 아니라고 답했다.

히틀러가 원했던 것은 (그가 공개적으로 시인한 것처럼) 맑스주의와 그것의 대중조직화 기법을 이용하여 민족주의적 제국주의를 관철시키는 것이었다. 그러나 그러한 대중조직화의 성공은 히틀러가 아니라 대중들에게 달려 있었다. 그의 선동 활동이 정착할 수 있었던 것은 바로 인간이 권위주의적이고 자유를 두려워하는 성격구조를 가졌기 때문이다. 따라서 사회학적인 의미에서 히틀러를 이해할 때 중요한 점은 그의 인성이 아니라 그가 대중들로부터 부여받은 의미인 것이다(79).

빌헬름 라이히는 '인간이 권위주의적이고 자유를 두려워하는 성격 구조를 가졌기 때문'이라고 하였다. 그런데 인간은 왜 권위주의적이고 자유를 두려워할까? 빌헬름 라이히는 여전히 우리의 의문을 해결하지 못한다. 그렇다면 대중은 왜 지도자에게 복종하고 그를 숭배하는가?

전체주의적 대중은 왜 지도자에게 자신의 자아이상을 동일시할까?

지그문트 프로이트(Sigmund Freud)는 그의 「집단심리학과 자아 분석」에서 '인간을 한 우두머리가 이끄는 군집 동물'이라고 표현하고, 집단 중에 우월한 자, 즉 집단의 우두머리를 다음과 같이 묘사했다.

그 집단의 전제는 모두가 지도자라는 한 사람에게서 똑같이 사랑받는다는 것이다. 그러나 이제 잊어서는 안 되는 것은 집단의 평등 요구가 집단의 개인들에게만 해당하며 지도자에게는 해당하지 않는다는 사실이다. 모든 개인은 서로 똑같아야 하지만, 그들은 모두 한 사람한테는 지배받고 싶어 한다. 서로 동일시할 수 있는 다수의 동등한 사람과 그들 모두보다 우월한 한 사람, 이것이 생존능력을 지닌 집단에 실현된 상황이다. 그러므로 우리는 인간이 군집 동물이라는 트로터의 진술을 바로잡아 인간은 오히려 유목 집단의 동물(Hordentier), 즉 한 우두머리가 이끄는 유목 집단의 개체라고 감히 주장해본다(82).

영웅은 유목집단 전체만이 감행할 수 있었던 행위를 혼자 이루어냈다고 주장한다(101). … 영웅신화의 거짓말은 영웅의 신격화에서 절정에 달한다(102). … 집단은 그들을 결속시키는 본능의 성질에서도, 또 대상으로 자아이상을 대체한다는 점에서도 최면과 일치한다. 그러나 집단은 다른 개인들과의 동일시를 추가한다(110).

프로이트는 '군중이 그 지도자를 왜 사랑하는가?'라는 질문을 던지고, '자아 동일시'와 '자아이상의 동일시'라는 개념을 제시했다. 즉 인간이 자신과 동등한 개개인에 대해서는 자신의 자아와 동일시함으로써 집단을 이루고, 그 집단 중 '우월한 한 사람'에 대해서는 자신의 자아이상을 동일시한다는 것이다(98). 피지배 대중 개개인은 너무도 무기력해서 사회구조적인 문제를 혼자서 풀 능력이 없기 때문에, "유목집단 전체만이 감행할 수 있는" 거대한 문제를 "혼자 해결할 수 있는" '집단 중의 우월한 한 사람', 즉 영웅에게 기대는 것이다(101). 그래서 그 영웅의 이상을 자신의 이상과 동일시하고, 그 이상을 실현하기 위해 그를 숭배하고, 심지어 자신을 기꺼이 희생하는 것이다. 필자가 이전에 집필한 「지배당한 민주주의」에서 노사모 회원들이 왜 노무현을 사랑했는지, 그 이유를 쓴 부분이 아래와 같다.

그렇다면 그들은 왜 그토록 노무현을 사랑했을까? 프로이트는 "영웅이 유목집단 전체만이 감행할 수 있었던 행위를 혼자 이루어냈다고 주장"함으로써 영웅 신화가 시작되고, 그러한 "영웅 신화는 영웅의 신격화에서 절정에 달한다"고 표현하였다. 즉 피지배 대중 개개인은 너무도 무기력해서 사회구조적인 문제를 혼자서 풀 능력이 없기 때문에, "유목집단 전체만이 감행할 수 있는" 거대한 문제를 "혼자 해결할 수 있는" 영웅에 기댈 수밖에 없는 것이다. 노사모가 노무현을 그토록 사랑했던 이유는 노무현이라는 '깨끗한 영웅'을 통해서 자신들이 생각하는 민주주의를 실현하고 싶었기 때문이다. 1997년 12월 한나라당 이회창 후보와 경선을 했던 이인제가 얼토당토않게 2002년 11월 민주당 경선에 참여했고, 게다가 그가 가장 앞선 후보였다. 그런 상황에서 민주주의를 열망하는 시민의 입장에서라면 어떻게 해서든지, 비록 가장 꼴찌 후보였지만, 노무현을 숭배할 수밖에 없었을 것이다. 왜냐하면 그 당시에 그들이 할 수 있는 일이 그것 말고는 없었기 때문이다(181~182).

군중이 자신의 자아이상을 지도자에게 동일시하는 이유는 자신이 무기력하기 때문이며, 그 영웅을 숭배하는 것도 자신의 무기력함 때문이다. 그러므로 이러한 정치적 무기력을 해결하지 않는 한 영웅숭배 현상을 치유할 수 없다. 다시 말해서 문파의 감정적 적대성과 공격성이 나타나게 된 이유도 문재인이라는 자신의 영웅을 지키기 위해서 나온 것이고, 문파가 자신의 자아이상과 문재인의 이상을 동일시한 이유가 스스로의 정치적 무기력함 때문이므로, 이러한 정치적 무기력을 해결하지 않으면 안 되는 것이다.

3장

대중들의 영웅에 대한 복종과 숭배를 어떻게 없앨 수 있을까?

대중의 정치적 무기력을 해결해야 한다

캐럴 페이트먼(Carol Pateman)에 의하면 '정치에 대한 무관심 및 낮은 정치적 효능감'이 사회경제적 지위가 낮을수록 정비례관계에 있다는 사실이 전형적으로 발견되었다고 한다(데이비드 헬드 David Held, 「민주주의의 모델들」에서 재인용 401). 피시킨(Fishkin)에 의하면, 대부분의 민주주의 국가에서 정책보다는 정치인의 개성에 대한 강조가 미디어에 젖은 선거 정치판을 지배하고 있으며, 사운드-바이트(sound bite)가 논쟁을 대신하고, 유명 인사의 인기가 신념에 입각한 정치 주장을 대체하게 되었고, '흡사 세제를 고르듯이' 후보자를 선택하고 있다고 한다(데이비드 헬드 David Held, 「민주주의의 모델들」에서 재인용 445). 사운드-바이트(sound bite)란 소리

(sound)와 한 입(bite)을 합쳐 만든 말로, TV 뉴스에서 말하는 사람의 음성 중 중요 부분만 따서 쓰는 것에 유래되었다. 중요한 정책에 대한 논쟁이 아니라, 짧은 가십이 정치적 흥미를 대신하고 있는 현상에 관한 것이다. 예를 들어 2021년 6월 이준석이 국민의힘 당대표가 되고 나서, '따릉이'로 출근을 했다거나 아니면 '내 신발 페라가모 아니다'라는 등의 말만이 언론을 도배한 현상이 대표적 예이다(이에 대해 김남국 민주당 의원이 이준석에 대해 '따릉이 정치가 아니라 수술실 CCTV법에 협력해야 한다'고 요구한 것은 지극히 정당하다). 자크 랑시에르는 「민주주의에 맞서는 민주주의 '들'」이라는 팜플렛에서, 무기력한 대중을 '텔레비전 앞에 주저앉은 슈퍼마켓 고객'이라고 표현했다(131).

대중들이 사운드-바이트에나 흥미를 가지고, '세제를 고르듯이' 아니면 '슈퍼마켓 앞에 주저앉아 리모컨으로 TV 프로를 돌리듯이' 선거 후보자를 선택하는 이유가 무엇일까? 정치라는 게 아무렇게나 되더라도 상관없다는 무관심의 표현이다. 이러한 무관심은 무엇으로부터 기인할까? 여러 가지 원인이 있을 텐데, 캐럴 페이트먼은 그 중 '정치적 무력감'을 첫 번째로 꼽았다. 그녀는 「Participation and Democratic Theory」(1970)에서 한 개인이 정치에 대해 무관심한 이유는 자신이 정치에 미치는 영향력이 너무나 미미하기 때문이라고 지적했다.

3천5백만의 유권자 가운데 개인의 역할은 거의 전적으로 대표를 선택하는 것으로 되어 있다. 국민투표에서 한 표를 던질 수 있는 경우라도 결과에 대한 그의 영향력은 극히 미미할 것이다. 국가적인 정치 단위의 크기가 극적으로 축소되지 않는다면, 현실은 조금도 변화될 여지가 없을 것이다(109).

내가 선거에 한 표를 던지더라도 '결과에 대한 영향력이 극히 미미하기 때문에' 나의 선택으로 '현실이 조금도 변화될 여지가 없을 것'이라는 무력감은 내 자신을 보잘 것 없이 느껴지게 한다. 그런 자신을 심리적으로 방어하기 위해서, 대중들은 사운드-바이트에나 흥미를 가지고, '흡사 세제를 고르듯이' 후보자를 선택하는 것이다. 프로이트의 딸 안나 프로이트(Anna Freud)가 그녀의 「자아와 방어기제」(The Ego and the Mechanism of Defense)에서 설명했던 방어기제 개념들에 의한다면, '정치가 별거야!'(부정, denial), '정치야, 아무렇게나 되든 말든 무슨 상관이야!'(반동 형성, reaction formation), '내가 신중하게 결정하든 그렇지 않든 현실을 변화시키지는 못해!'(합리화, rationalization)라는 방식으로 보잘것없이 무기력한 자아를 방어하는 것이다.

위와 같은 태도가 일반적인 대중들이 보이는 정치적 무기력의 증상이라면, 전체주의적 대중들은 자신의 지도자와 자아이상을 동일시하고 그를 추종함으로써 자신의 무력함을 해결하려고 한다. 노사모가 그랬던 것처럼 선거 과정에서 문재인을 대통령으로 만들기 위해 자발적으로 활동했던 문파들은, 막상 문재인이 대통령이 되고 나서 할 일이 없어졌다. 그들이 기껏 할 수 있는 일은 문재인을 비판하는 사람들을 SNS로 공격하는 게 전부이다. 문파, 박사모 모두 현재의 대의제 정치구조에서 태어난 사생아들이다. 대중이 자신이 가지는 정치적 신념을 실현할 방법이 없기 때문에 특정한 정치적 영웅을 추종하는 것으로 대신했던 것이다. 그들은 자신의 지도자를 추종하는 행위를 이른바 '깨어있는 시민'의 '민주주의적 정치참여'라고 착각했다.

결국 대중들의 영웅에 대한 복종과 숭배를 없애기 위해서는 대중의 정치적 무기력을 없애야 한다. 그리고 이것은 오로지 직접민주주의에 의해서만이 가능하다. 의회를 통과한 법률이라도 국민투표로써 다시 심사할 수 있고, 의회가 입법하지 않아도 시민발의로써 법률을 제안할 수 있다면, 더 이상 SNS를 붙잡고 누군가를 욕할 필요도 없으며, 누군가를 숭배할 이유도 없다. 이렇게 되면 미력하나마 대중이 정치엘리트와 권력을 공유할 수 있기 때문이다.

통치구조를 개인 중심에서 정당 중심으로 바꾸어야 한다

프랑스의 유대인 사상가인 시몬느 베이유(Simone Weil)는 그녀의 저작 「Nore sur la suppression générale des partis politiques」(정당들의 일반적인 폐지에 관한 노트)에서 모든 정당이 그 맹아에 있어서 전체주의적이라고 지적한 바 있다. 그렇다면 박사모와 문파, 이재명의 손가락혁명군의 대립도 각각의 정당에 대한 적극적 지지로 비롯된 것일까?

정당은 집단의 정념을 제조해야 하고, 각자의 생각에 집단적 압력을 행사해야 하는 기계이다. … (모든 정당은) 맹아와 열망에 있어서 전체주의적이다(35).

시몬느 베이유는 '아무 편에도 들지 않고' 관망하는 태도에서 은신처를 찾는 데 만족하지 않고, '정당을 폐지해야 한다'고 요구하였다. 다니엘 벤사이드(Daniel Bensaïd)는 「영원한 스캔들」이라는 팜플렛에서 시몬느 베이유의 이러한 요구는 '모든 정당의 구조'가 '그냥 지나칠 수 없는 비정상성'을 포함하고 있다는 진단에서 논리적으로 도출된 것이라고 주장했다(77).

정당이 지배엘리트를 중심으로 단일한 신념을 가지고 있다는 점에서 전체주의적 맹아를 가지고 있다는 시몬느 베이유의 지적은 외면할 수 없다. 하지만 공공영역의 확장과 행정의 전문화로 인해 정치엘리트에 의한 대의제를 폐기할 수 없다. 또한 의제의 제시와 정책의 일관성을 위해 정치엘리트는 정당의 형식 위에 존재해야지 개인적으로 존재해서는 안 된다는 점에서, 시몬느 베이유의 정당폐지론은 지나치다. 또한 박사모, 문파 그리고 손가락혁명군의 전체주의적 성향은 정당으로부터 기인하는 것이 아니고, 개인에 대한 숭배로부터 비롯되었다. 오히려 정당의 폐지는 개인에 대한 영웅숭배를 강화할 가능성이 더 높다. 우리나라의 정당이 김종인의 말처럼 '대통령의 당'으로 사당화 되어 있어 벌어진 상황이다. 조응천도 한국 정당이 '사람 위주로 돼왔고, … (그래서) 지도자 위주, 대통령 팬덤 정치가 되었다'고 비판했다(2021. 4. 29.자 파이낸셜뉴스).

이명박에서 박근혜로 대통령이 바뀌었지만 실제로 '한나라당'이라는 정치의 주체는 변하지 않았는데도, 대다수의 시민들은 정권이 바뀌었다고 생각했다. 이러한 인식이 보편적으로 확산된 이유는 바로 대통령제가 정치를 인격화시키기 때문이다. 군주제와 마찬가지로 정치와 권력을 인격화시키는 체제인 대통령제는 당연히 군주제만큼이나 영웅숭배 경향이 강할 수밖에 없다. 따라서 정치엘리트의 기반을 개인에서 정당으로 바꾸어야 하며, 통치구조를 정당중심의 정치체제로 개조해야 한다. 그래야만 군중의 개인숭배 경향을 조금이라도 줄일 수 있을 것이다.

영웅을 재생산하는 구조를 없애야 한다

2020년 21대 국회의원선거 개표 결과 후에 어느 블로거가 노무현을 그리워하면서, 자신의 블로그에 다음과 같은 글을 올렸다.

[2020. 4. 16.자 네이버 블로그, 「2020년 21대 국회의원선거 총선 개표 결과를 보며… 지극히 개인적인 생각」]
선거, 안 했다. 뽑고 싶은 사람도 선택하고픈 정당도 없었기 때문이다.

노무현 전 대통령과 같은 정치인은 없으니 투표가 즐겁지 않다. 진정으로 평등과 자유를 위해 불의에, 비겁한 다수에 맞설 수 있는 그런 정치인, 없다.

정치가 무엇인지 몰랐던 초등학교 때였지만, 5공 청문회 방송을 통해 노무현 당시 국회의원의 모습을 처음 보았을 때, 나는 일어나 환호하며 박수를 칠 수밖에 없었다. 중학교 시절 마이클잭슨의 공연도, 퀸의 공연도 나에게 그런 감동을 주진 못했다. 그의 정치는 그어떤 영화보다도 감동적이었다.

나는 자주 생각한다. 만약 지금 그가 살아있다면 세상은 또 얼마나 크게 변할까? 때론 5000만의 생각이 한 사람의 생각보다 작고 비현실적일 때가 있다.

(https://blog.naver.com/artnk/221910473742)

그런데 이렇게 노무현을 숭배하는 것이 무슨 의미가 있을까? 박정희 시대를 시작으로 김영삼 대에 이르기까지 우리 정치와 선거는 지역감정이 지배했다. 그런데 좀 더 엄격하게 표현한다면 '지역감정'이 아니라 '호남차별'이었다. 왜냐하면 지역감정이라고 하면 영·호남 외에 다른 지역도 대립하는 것처럼 보이기도 하고, 한편으로 영남과 호남이 대등하게 대립한 것처럼 표현되기 때문이다. 그런데 사실은 박정희를 비롯해 권력을 장악한 영남 출신 정치엘리트들이 민주당을 '전라도당'으로 낙인찍고, 호남을 소외시켜 정권을 재창출해 왔던 불평등 구조였다. 따라서 지역감정이 아니라 '호남 소외 또는 호남 차별'이라고 표현해야 좀 더 정확하다.

1990년 1월 22일 노태우의 민주정의당과 김종필의 신민주공화당 그리고 김영삼의 통일민주당이 합당을 했다. 그 유명한 3당 합당으로, 이로써 민주자유당이 창당되었다. 13대 총선의 결과였던 여소야대는 3당 합당으로 여대야소로 바뀌었고, 정치구도는 순식간에 호남 대 非호남으로 단순화되어, 다시금 호남을 정치적으로 고립시켰다. 이런 상황에서 김영삼은 끊임없이 노무현에게 러브콜을 보냈다. 그러나 부산 출신의 '바보 노무현'은 '전라도당'에 계속 잔류했고, 결국 그 뚝심을 믿고 16대 대선후보 민주당 경선에서 광주가 노무현을 선택했던 것이다. 그런데 노무현은 그것으로 자신의 역사적 역할을 다했다. 개인적으로 그를 좋아하지만, 그렇다고 대대손손 그를 숭배해야 할 이유를 알지 못한다. 오히려 그는 자살로써 대중들에게 비운의 영웅으로 각인되었고, 그에 반대되는 정치세력에 대한 분노의 씨앗을 자신의 지지자들에게 심었다. 그 바람에 적대의 정치, 분노의 정치를 더욱 심화시켰다는 점은 우리 정치에 커다란 해악이 되었다. 박정희–전두환이 자신의 정치적 반대파를 빨갱이로 매도하여 자신의 추종자들로 하여금 상대편 영웅과 지지자들에 대한 분노를 조장했던 것처럼, 그는 자살로써 자신의 추종자들에게 분노를 불러일으켰다. 그가 만일 박연차로부터 뇌물을 받지 않았다면 끝까지 싸워 무죄판결을 받았어야 했고, 만약 뇌물을 받았다면 이명박과 박근혜처럼 형벌로써 죗값을 치렀어야 했다. 그를 추종하는 팬덤에게 그는 비극적 신화로 남게 되었고, 그 신화는 새로운 불세출의 초인이 나타나 우리를 구원해 줄 거라는 메시아적 환상으로 전승되었다. 이러한 환상이 민주주의의 주체인 시민들을 나약하게 하고, 무력하게 만드는 것은 물론이다.

그 후 노무현의 정치적 상속인인 문재인이 영웅적으로 등장했고, 2017년 그가 이 나라를 구할 것이라고 군중들은 들끓었다. 코로나가 시작될 무렵, '우리에게는 문재인이 있어 자랑스럽다'라는 낯간지러운 멘트도 곧잘 유행했다. 그러나 2021년이 되어서는 개나 소나 문재인을 비난하고, 다시금 새로운 영웅을 갈구하고 있다. 그러고서 '윤석열이냐 이재명이냐'라고 하면서 논쟁을 한다. 당장은 '군주(君主)'로서 옹립하지만, 5년 뒤에는 어김없이 온갖 비난을 덧씌워 '폐주(廢主)'로 삼을 것이다.

문제는 우리의 정치체제가 이렇게 끊임없이 영웅을 재생산하는 구조라는 점이다. 그렇기 때문에 이러한 구조를 혁파하지 않는 한 대중들의 영웅에 대한 복종과 숭배는 계속 반복될 수밖에 없는 것이다.

[권력집중도를 기준으로 한 단계별 공화주의 체제]

군주제 → 보나파르트 체제 → 신대통령제(박정희 체제) → 미국식 대통령제 → 영국식 양당체제 의원내각제 → 서유럽식 다당체제 의원내각제 → 스위스식 회의정부제

대부분의 학자들은 대통령제나 의원내각제 혹은 프랑스식 이원정부제를 모두 대등한 민주주의적 제도라고 보고, 각 나라의 역사나 특성에 따라 선택 가능한 것이라고 평가한다. 그러나 위 [표]에서 보듯이 각 공화주의 체제는 단계별로 권력집중의 정도가 다르며, 뒤로 갈수록 합의체적 성격을 가진다. 서유럽식 다당체제 의원내각제는 정치인 개인에 대한 숭배의 정도가 대통령제의 경우보다 훨씬 덜하다. 즉 군중들이 숭배하는 정치적 영웅이 대통령제에서 끊임없이 재생산되는 이유는 그 권력의 막대함 때문이다. 정치적 영웅이 가지는 권력의 크기만큼이나 대중의 정치적 무기력도 비례하는 것이다. 당연히 영웅숭배의 최고형태가 군주제임은 물론이며, 공화주의체제 중에서 군주제에 가장 유사한 통치제제인 대통령제가 그 다음을 잇는다. 윤석열이 검찰총장 재직 시절에 홍석현 중앙일보 사장을 야심한 밤에 만나면서, 함께 나왔던 중앙일보 관상 칼럼리스트에게 "내가 왕이 될 상인가?"라고 물었다는 소문이 그냥 우스갯소리로만 들리지 않는 이유는, 대부분의 사람들이 대통령을 사실상 '군주'로 인식하고 있기 때문이다.

그런데 대통령제라는 헌법상 통치구조를 바꾸어서 민주주의를 좀 더 진전시켜야 한다는 주장에 대해, 최장집은 그의 「민주화 이후의 민주주의」에서 이렇게 반박하고 있다.

헌법에 의존해 민주주의 발전을 이루고자 하는 것은 현실의 정치를 우회하거나 뛰어넘어 정치 외부의 어떤 과정, 절차, 힘으로 하여금 정치가 해야 할 문제들을 해결하게 하는 것을 의미한다. 하지만 민주주의와 인민주권은 정치적 평등의 원리에 기초한다. 정치의 방법으로 보통 사람들의 권력을 창출할 수 있고, 그들의 요구를 실현할 수 있는 체제인 것이다. 그러나 정치를 폄하하면서 헌법을 불러들이는 것은, 정치적 문제를 외생적으로 접근하는 방식이라 할 수 있다. 외생적 문제 해결의 방법은 외부의 이니셔티브에 의해 만들어진 어떤 규범·가치·이념·제도를 정치와 사회에 부과하는 것이다. 보수파들은 기존의 헌정주의를 강화할 것을, 개혁파들은 더욱 민주적인 새로운 헌정주의를 불러올 것을 요구한다. 그러나 이들의 공통점은 한결같이 민주주의 위에 헌정주의를 두려고 한다는 것이다(274, 밑줄은 인용자).

최장집은 현재의 헌법으로 보통 사람들의 권력이 창출될 수 있을 만큼 민주주의와 인민주권이 이미 실현되었다고 생각한다. 인민주권이 실현되었다는 생각이 민주주의에 관한 공화주의적 착각이라는 점에 대해서는 앞에서 설명한 바 있다. 그런데 중세 봉건시대가 근대로 전환하는 데에 있어서, 가장 중대한 정치적 변혁이 군주제 폐지였다는 사실을 그는 간과하고 있다. 공화주의 체제 중에 대통령제가 군주제에 가장 근접해 있다는 사실을 직시한다면, 엘리트 과두정부의 권력을 분산시킬 제도를 고민해야만 할 것이다. 더구나 군중의 정치적 영웅에 대한 복종과 숭배를 없애기 위해서조차도 그러하다.

2021년 6월 국민의힘 당대표 선거에서 '이준석 돌풍'이 불었다. '꼰대정치는 가라'라는 슬로건으로 30대 당대표의 바람이 불었다. '50대의 남성'이 정치의 주류였다는 사실을 고려할 때에, 30대 청년이 한 정당의 대표가 될 수 있다는 것은 너무나 바람직스럽다. 하지만 '꼰대정치는 가라'라는 슬로건은 핵심을 비껴간 것이다. 왜냐하면 지금까지 정치의 문제는 엘리트만이 정치의 중심에 있고 대중이 소외되어 있다는 것에 있지, 그들의 생물학적 나이가 핵심이 아니기 때문이다. 심지어 정의당은 이 코미디에 엑스트라로 일조했다. 대통령의 나이를 40세 이상으로 제한한 대한민국헌법 제67조 제4항에 대해 이의를 제기했다. 대통령제의 폐지를 주장해야 할 진보정당이 이렇게 변죽이나 울리고 있는 것이다. 과연 서른 살의 청년이 대통령이 되면 지금의 문제들이 해결될 수 있는 것인가? 지금까지 대통령들의 나이가 60세가 넘었기 때문에 시민들의 삶이 고달픈 것인가?

애초에 '대의제의 환상'에서 벗어나지 못하고 있다. 30대의 정치인이 등장하면 청년들의 문제를 해결할 수 있을 거라는 환상, 노동자 출신 정치인이 등장하면 노동자의 문제를 해결할 수 있을 거라는 환상이 그것이다. 그러나 '대의(代議)'란 없다. 통치할 능력이 없어 통치 받아 마땅한 열등한 대중들은 통치할 자격이 있는 엘리트들을 선출할 권리가 있을 뿐이라는 것이 지금의 대의제이다. 그리고 막상 선출된 엘리트는 자신의 양심에 따라 정치를 할 수 있으며(대한민국헌법 제46조 제2항), 결코 자신을 선출한 열등한 대중들의 뜻에 따르지 않아도 된다. 결국

'대의(代議)'란 없으며, 헌법적으로 인정된 '주권(主權)의 양도'가 있을 뿐이다.

　　요컨대 대중들의 영웅에 대한 복종과 숭배를 없애려면, 인격화된 권력이 아닌 합의체적 형태로 통치구조를 바꾸어야 한다. 그리고 무능하고 부패한 집권엘리트를 쉽게 교체할 수 있고 새로운 엘리트를 손쉽게 선택할 수 있는 시스템을 만들어야만, 대중들이 정치엘리트를 영웅으로 숭배하지 않고, 주체적으로 소비할 수 있게 된다.

엘리트 과두정부를 어떻게 개조할 것인가?

프랑스식 이원정부제는 과연 '분권형 통치구조'인가?

우리나라에서 제왕적 대통령제의 문제점이 드러날 때마다 대표적인 대안으로 제시되는 것이 프랑스 이원정부제로, '분권형 대통령제'라고 불리기도 한다. 그러나 프랑스 제5공화국 헌법의 이원정부제는 실제로 분권적이지 않다. 필자가 이전에 집필한 「지배당한 민주주의」에서 관련된 부분을 요약하면 다음과 같다.

드골 다음이었던 제2대 조르주 퐁피두 대통령은 전형적인 보수파인데 반해 샤방 델마스 총리는 진보적 입장이었고, 복지정책을 두고 서로 마찰이 생겼다. 그러자 퐁피두는 1972년 델마스를 해임하고 자기 측근인 피에르 메스메르를 총리로 임명하였다. 제5공화국 제3대 대통령인 지스카르 데스탱 대통령도 임기 초 시라크를 총리로 임명했다가 경제정책에서 갈등이 생겨 시라크를 해임하고 레몽 바르를 총리로 임명했다. 프랑스의 대통령은 언제든지 총리를 자기 마음대로 해임할 권한을 가졌던 것이다. 그나마 대통령이 총리를 마음대로 해임할 수 없는 때는 대통령의 소속정당이 의회의 소수당인 경우, 즉 동거정부(코아비타시옹, Cohabitation)인 경우뿐이다(115).

결국 이원정부제에 대한 논의의 실질적인 핵심은, 그 제도 자체가 대통령제로 운영되는가 아니면 내각제로 운영되는가라는 문제가 아니라, '대통령이 최고 권력자인가 아니면 총리가 최고 권력자인가'의 문제라고 할 수 있다. 다른 말로 표현하면, '누가 총리와 내각을 지명할 수 있는 권한을 갖느냐'가 문제이다(116).

대통령의 소속정당이 의회에서 다수당이 될 때, 대통령이 총리를 임명하고 내각구성에도 관여하므로 실제로 대통령제로 운영되어 대통령이 총리보다 우위에 서게 된다. 이런 경우에는 대통령이 국가원수뿐만 아니라 정부수반의 역할을 수행하게 되고 총리는 대통령을 보좌하는 위치가 된다. 한편 대통령과 총리가 각기 다른 정당에서 나오는 '동거정부'의 경우에는 대통령과 총리의 권한이 헌법적으로 명확하게 구분된 것이 아니어서 정국불안을 초래하는 계기가 되었다. 프랑스에서 제5공화국 출범 이래로 이른바 좌우동거정부가 세

번 있었다(117).

애초부터 제5공화국 헌법은 동거정부를 예상하지 못했던 것이다. 실제로 동거정부는 '두 명의 황제'가 옹립된 것과 같아서 대통령과 총리의 갈등을 초래했고, 이러한 갈등은 권력통제가 아닌 정치의 교착으로 귀결되었다(118).

대통령과 총리가 같은 정당에서 나올 경우에는 대통령제로 운영되며, 미국식 대통령제보다 더 강력한 권한을 가지고 있어서, '과대권력의 대통령제'(hyperpresidential)라고 불린다(존 킬러, 마틴 샤인). 한편 대통령과 총리가 다른 정당에서 나오면 동거정부라고 부르는데, 총리 중심의 의원내각제로 운영된다. 그렇더라도 대통령의 권한과 총리의 권한이 명확하게 분배되어 있지 않아 정국불안의 계기가 되어 왔다. 프랑스의 동거정부 사례에서 보듯이 대통령과 총리에게 권한을 분배한다는 이원정부제 안은 '두 명의 황제'를 옹립하는 것과 같아서 대통령과 총리의 갈등을 초래하고, 이러한 갈등은 권력통제가 아니라 정치의 교착으로 귀결될 것이다. 차라리 서유럽식 의원내각제처럼 각 부의 장관이 소관 사무를 자주적으로 처리하고, 사무가 중첩되는 경우에 내각이 협의하는 합의체적 방식이 좀 더 안정적으로 권력을 배분하는 구조가 될 것이다.

프랑스의 통치구조의 또 다른 문제점을 지적한다면 대통령 선거

직후에 치르는 의원선거에 있다. 총선의 경우에는, 지역구에서 과반수를 넘는 후보가 없을 때에 12.5%를 넘는 후보들만으로 2차 결선투표에 들어가며, 1차 투표 1주일 후에 2차 투표를 하게 된다. 그런데 2017년 프랑스 대선에서 에마뉘엘 마크롱이 당선된 다음에 실시된 총선에서 에마뉘엘 마크롱의 정당 '레퓌블리크 앙마르슈(La République En Marche! 전진하는 공화국!)'가 1차 투표에서 28.2%를 득표하고, 2차 투표에서는 전체 하원의석수 577석 중에서 약 54%에 해당하는 308석을 얻었다. 거기에 선거연합을 하였던 민주운동당의 의석을 합쳐 350석을 얻으면서 과반을 넘었다. 당시 마크롱의 정당 '레퓌블리크 앙마르슈'는 정치 초년생으로 가득했는데, 마크롱이 절대적인 권한을 행사해서 이루어진 공천이었다. 정치적으로 전혀 검증되지 않은 의원후보들이 마크롱의 코트-테일을 붙잡고 대거 당선되어 제1당을 차지하게 된 것이다. 프랑스 대통령 선거의 결선투표제는 전략적 투표행동으로 유권자들의 정치적 의사가 왜곡될 뿐만 아니라 예상치 못한 우연적 결과를 만드는 결정적 문제가 있다. 게다가 총선은 대통령의 코트-테일 이펙트로 대통령의 정당이 손쉽게 1당을 차지하여, 대통령에 대한 소속정당의 추종과 대중들의 숭배경향이 훨씬 더 강화되는 구조적 문제점을 가지고 있다. 아래에서는 의원내각제와 대통령제의 차이점을 살피기로 한다.

의원내각제는 정치엘리트가
장기적으로 권력을 독점하는 체제가 아닐까?

우리나라 국민들 중 상당수는 자신이 직접 뽑은 대통령은 믿을 수 있지만, 여의도의 국회의원들은 신뢰할 수 없다고 생각한다. 이런 생각은 대통령제를 '87년 민주화'라는 투쟁을 통해 얻었다는 역사적인 이유로부터도 기인한다. 그래서 의원내각제는 보수적인 엘리트들이 장기적으로 권력을 독점하는 체제가 될 지도 모른다는 의심을 품고 있다. 실제로 박정희 정권 말기에 김종필이 내각제 개헌을 준비했었고, 노태우 정권 당시에 소위 '6공 황태자'라고 불리었던 박철언이 '내각제 개헌'을 준비했었다. 원래 검사였던 박철언은 1980년 전두환의 국가보위비상대책위원회 법사위원으로 파견 근무하면서 제5공화국 헌법의 기초 작업에 참여했다가, 전두환 정권 말기에 노태우를 보좌하면서 노태우 정권을 세우는데 크게 기여했다. 1990년 노태우의 민주정의당, 김종필의 신민주공화당 그리고 김영삼의 통일민주당의 3당 합당으로 민주자유당을 창당하는 데에도 막후에서 그가 중재했다. 당시 3당 합당은 내각제 개헌을 전제로 이루어진 것이었고, 각서까지 만들었었다. 그런데 노태우 이후의 후계자 자리에서 김영삼과 다투다가 밀려난 박철언이 1990년 10월 25일자 중앙일보 기사에서 내각제개헌 합의각서 복사본을 공개했다. 김영삼은 '국민이 원하지 않는 것은 절대로 못하니 내각제를 백지화하라'며 저항했다. 박철언이 내각제에 생사를 건 이유는 국회의원을 많이 거느린 사람이 권력을 장악할 수 있었기 때문이었다. 당시 다수파는 민정계였고, 민정계의 실질적 리더는 박철언이었다. 반면 당내 소수파인 김영삼은 당연히 내각제에 반대했던 것이다. 이후 김영삼은 권력투쟁에서 승리하여 1992년 5월 19일에 마침내 민주자유당 대통령 후보에 선출되었다.

실제로 박철언의 시나리오가 불가능한 꿈이 아니었는데, 의원내각제는 두 개의 얼굴을 가지고 있다. 의원내각제는 각료들의 권한이 동등하지 않고 총리가 다른 누구보다도 우위에 있는 경우(first above unequals)와 총리는 상호 동등한 권한을 갖는 각료들 가운데 으뜸인 경우(first among equals)로 크게 대별된다. 전자가 영국식 내각제로 웨스트민스터 모델이라고 불리며, 후자는 서유럽식 내각제다. 또한 전자는 다수대표제를 채택하여 양당체제로 운영되는데 반하여, 후자는 비례대표제를 기반으로 하여 다당체제로 운영된다. 아렌드 레이프하트(Arend Liphart)는 「민주주의의 유형」이라는 저작에서, 영국식 내각제를 웨스트민스터 모델이라고 부르고, 사실상 대통령제와 유사하게 권력의 과두독점이 유지되는 통치구조로 분류하였다.

웨스트민스터 모델 중에 최악의 형태가 일본의 내각제다. 일본의 내각제는 양당체제는 고사하고, 사실상 '자민당 1당 체제'였다. 자민당이 창당한 이래 정권을 뺏겼던 기간은 대략 4년 정도에 불과하다. 1993년 8월~1994년 4월(일본신당 연립정권), 1994년 4월~1994년 6월(신생당 연립정권)과 2009년 9월~2012년 12월(민주당 연립정권)을 빼고, 나머지는 자민당 단독정권이거나 자민당 주도의 연립정권이었다. 비례성이 박탈된 다수대표선거제로 인해 자민당은 언제든지 안정적인 의석을 확보했고, 정부의 불법과 부정에 반대했던 경험이 없는 일본 민중들의 저항의지 부재로 인해 자민당은 안정적인 독재체제를 수립했다. 자민당 내각이 심각한 부패와 정책실패를 저질러도 일본 민중들은 정권을 교체하지 못했던 것이다. 김종필이나 박철언은 바로 이러한 일본식 내각제를 꿈꾸었던 것이다. 저자는 이전 저서 「지배당한 민주주의」에서 영국과 일본 내각제의 다수대표제로 인한 문제점을 아래와 같이 지적한 적이 있다.

2005년 영국 총선에서 노동당은 전체 투표 중 불과 35.3%만 득표하고도 55.1%의 의석을 차지했다. 지지율과 의석 배정이 일치하지 않는 것으로, 각 선거구에서 2위 이하 후보의 득표가 의석 배정에 전혀 반영되지 않아 나타난 현상이다. 단순다수대표제(최다 득표제)가 그 원인이다. 2017년 10월 22일 일본 중의원 총선거에서 아베 신조의 자민당은 전체 표의 48%에 해당하는 2,672만 표를 얻었음에도 의석은 전체 289석 중 75%인 218석을 얻었다. 투표율이 53.68%였으므로 자민당이 얻은 실제지지율은 25%에 불과했던 것이다. 그런데도 압도적인 승리를 거두었다고 스스로 평가하였다(61). … 이렇듯 단순다수대표제의 결과는 거대 정당에 유리하다. 실제로 영국의 보수당과 노동당은 오랫동안 비례대표제를 반대해 왔고, 적은 투표수로 다수 의석을 차지할 수 있는 단순다수대표제를 옹호해 왔다. 서로 적대하는 두 거대 정당이 유일하게 합의하는 영역이 바로 선거제도인 것이다(62).

영국식 내각제는 소선거구·단순다수대표제를 채택하고 있어서 실질적으로 양당체제로 귀결되어 사실상 대통령제에 흡사할 정도로 권력이 집중된 통치구조이고, 그만큼 다른 내각제에 비해 대중들의 수상에 대한 숭배 현상이 더 강했다. 한편 서유럽식 내각제는 비례대표제를 채택하여 다당체제를 근간으로 하고 있어, 정치세력의 교체가 훨씬 더 수월하다. 대통령제나 영국식 내각제에서는 새로운 정치세력의 등장이 사실상 봉쇄되어 있는데 반하여, 서유럽식 내각제는 제3세력의 진입이 구조적으로 보장되어 있다. 케네디(민주당)와 닉슨(공화당)이 대결했던 1960년 미국 대통령선거에서 사회노동당, 주권당, 입헌당의 후보들도 있었으나 그런 정당이 있었다는 사실을 지금의 미국사회가 전혀 기억하지 못한다는 사실을 이미 언급한바 있다.

위와 같은 이유로 바람직한 통치구조 모델에서 영국, 일본과 같은 웨스트민스터 모델의 의원내각제는 제외되어야 한다. 그런데 서유럽식의 다당체제 의원내각제를 모델로 하더라도, 어차피 수상 자리도 하나, 대통령 자리도 하나여서, 의원내각제나 대통령제나 마찬가지가 아닌가라는 의문이 있을 수 있다. 노무현이 집권말기에 야당과의 대연정을 주장했고, 19대 대선을 위한 민주당 경선에서 안희정 후보가 대연정을 주장했던 것이 같은 맥락이다. 또한 19대 대선에 문재인이 대통령으로 당선된 다음, 정의당 대통령후보이자 국회의원인 심상정을 고

용노동부 장관으로 입각하는 게 어떠냐는 하마평이 있었던 것도 사실이다. 그런데 과연 대통령제에서 연립정부 구성이 가능할까? 심상정은 당연히 거절했다. 왜냐하면 대통령제는 대통령 1인의 '1인 행정부' 체계로, 장관의 권한은 대통령으로부터 연유하기 때문이다. 심지어 우리 행정부 체계에서 고용노동부 장관은 청와대의 일자리수석보다 그 지위가 실질적으로 더 낮고 권한도 더 적다. 권력의 뿌리가 대통령에 있기 때문에 대통령과의 거리가 가까울수록 권력의 크기가 그에 비례하는 것이다.

그에 반해 의원내각제의 장관은 수상으로부터 독립하여 자기 사무에 권한을 가진다. 만약 우리 체제가 의원내각제였다면 당연히 민주당–정의당의 연립정부가 가능했을 것이다. 예를 들어 독일연방장관은 연방수상의 의사와 관계없이 자주적으로 자기 책임 하에서 소관 사무를 처리할 수 있으며, 그 사무가 중첩되어 연방장관 사이에 조정이 필요할 때조차도 수상이 전결하는 것이 아니라, 내각 전체가 협의해서 연방정부의 이름으로 결정한다.

독일연방기본법 제65조(책임)

연방수상은 정책계획을 결정하고 이에 대한 책임을 진다. 각 연방장관은 이 지침 내에서 그 소관 사무를 자주적으로 그리고 자기 책임 하에서 처리한다. 연방장관 간의 의견 차이에 관하여는 연방정부가 결정한다. 연방수상은 연방정부가 의결하고 연방대통령의 재가를 얻은 직무규칙에 따라 사무를 처리한다.

대통령제와 영국식 내각제에서 제3당은 전략적 투표 경향으로 인해 얼마 지나지 않아 소멸될 운명에 처하지만, 서유럽식 내각제에서 제3당은 연립정부의 파트너로서 집권할 수 있기 때문에 잠재적인 성장 가능성을 가진다. 즉 신생 정당이 제3당으로 성장하고, 그러다가 연립 정부의 소수당으로 참가한 다음 유권자들로부터 신임을 얻어 제1당으로 발전하는 자연스러운 성장이 가능하다. 대통령제나 영국식 내각제에서 거대 양당이 제도적으로 신생 정당을 억압하는 것과 크게 구별된다.

의원내각제에 부정적인 사람들은 대통령은 내가 직접 뽑을 수 있지만, 내각제가 되면 내가 어찌할 수 없는 여의도가 정치를 지배하게 될 것이라고 염려한다. 그런데 이것은 심각한 착각이다. 오히려 부패하고 무능력한 정치인이 축출되지 않고 살아남는 구조가 대통령제다. 비례성을 강화한 선거제도를 구축하여 여러 정치세력이 의회에 입성하더라도, 대통령제를 고수하는 한 전략적 투표경향으로 인해 제3당과 제4당은 장기적으로 소멸하거나 제1당과 제2당에 흡수될 수밖에 없다. 따라서 종전의 지배엘리트를 새로운 정치세력으로 교체할 수 있는 구조를 만들기 위해서조차 대통령제를 폐지하고, 다당체제의 서유럽식 의원내각제로 개헌을 해야만 한다.

권력을 축소하라, 그리고
더 쉽게 교체할 수 있는 시스템으로 개조하라!

무능한 대통령을 뽑거나 부패한 대통령을 뽑았을 때에, 그로 인한 비용은 국민들이 지불해야 하고, 그로 인한 사회의 퇴보 또한 국민들이 감당해야 한다. 그 이유는 대통령의 권한이 너무나 크기 때문이다. 왜 한 개인에게 그렇게 막대한 권력을 부여해야만 할까? 그 권력을 분산시키고 합의체적 방식으로 권한을 행사하는 게 더 합리적이지 않을까? 왜 우리는 공화주의 체제 중에 군주제에 가장 가까운, 이렇게 원시적인 대통령제에 목을 매고 있을까?

박근혜 대통령을 탄핵하면서, 우리 사회는 대단히 복잡하고 지난한 과정을 거쳤다. 만약 의원내각제였다면, 의회의 불신임만으로 내각은 해산되었을 것이다. 지배엘리트를 좀 더 쉽게 교체할 수 있을 때에 시민들이 엘리트의 과두정부를 좀 더 쉽게 통제할 수 있다는 사실을 잊어서는 안 된다.

2021년 4-7 보궐선거에서 민주당이 패배한 것에 대해, 전지윤 다른세상을향한 연대 실행위원이 다음의 글을 기고했다. 스스로를 진보좌파라고 지칭하는 그는 민주당의 한계와 문제점에 실망하고 우파의 득세를 우려했다.

[2021년 4월 12일자 미디어오늘] 「재보선이 보여 준 몇 가지 역설과 주변화 된 진보」

이번에 실망하고 우울해진 핵심 이유도, 민주당이 패배하고 국민의힘이 반사이익을 얻어서가 아니다. 그것은 어느 정도 예측 가능하고 심지어 필연적인 면도 있었다. 핵심은 진보좌파 정당과 후보들이 새로운 희망을 보여 주기는커녕 너무나 미미한 결과를 얻었다는 데 있다. … 미국 등에서 제3정치세력이 실패를 거듭한 이유는 단지 양당에 흡수됐기 때문만이 아니었다. 선명성 경쟁에만 매달린 수많은 소규모 제3세력이 난립하면서 어떤 의미 있는 대안으로도 성장하지 못하고 있기 때문이기도 하다. … 민주당을 통한 개혁과 진보에 기대를 걸었다가 실망한 사람들이, 진보좌파의 기반으로 옮겨올 수 있도록 적절한 동맹과 전술을 택해야 한다. 민주당이 실패하길 기다리며 더 세게 욕하고 선 긋다 보면, 저절로 우리에게 기회가 올 것이라는 게으른 생각을 벗어나야 한다. 누가 가장 효과적으로 기득권 우파에 맞서며 개혁을 성공시킬 수 있는지 실천에서 입증하며, 진보좌파의 정치세력화를 뒷받침할 대중적 기반과 주체를 만들어내야 한다. 지지기반이 넓혀지기도 전에 먼저 갈라가려는 시도는 그만 보고 싶다. 이 모든 것은 민주당을 넘어선 진보좌파 정치세력이 한국사회의 희망이 돼야 한다는 기대와 애정 때문에 더 강하게 하는 비판과 주문이라는 것을 이해할 것이라고 믿는다.

그토록 보수우파를 경멸하고 민주당을 비판하는 이른바 진보좌파도 보수우파, 민주당과 마찬가지로 자신이 권력을 장악함으로써 사회를 발전시킬 수 있다고 생각하는 공화주의적 마키아벨리스트였다는 사실을 드러내고 있다. 위 글에서 사용된 '대중적 기반과 주체'라는 단어는 대중을 타자(他者)로 인식하고 진보정당을 주체라고 표현함으로써, 부지불식 중 '가소롭기 짝이 없는' 엘리트주의를 보였다.

위 글에서 타자로 치부된 대중이 자기 스스로 정책을 결정할 수 있는 제도가 진짜 민주주의다. 그래야만 집권 엘리트들의 반복되는 부패와 오류를 수정할 수 있고, 그와 더불어 복지와 도덕적 해이의 위험으로부터 균형을 이루어낼 수 있는 것이다. 공화주의를 민주주의로 왜곡한 군주제 시절의 19세기적 착오가 2세기에 걸쳐 확증된 진실로 간주되었다. 이제는 그러한 왜곡을 정정해야 할 때다. 만약 직접민주주의를 헌법에 도입하지 못하고, 대통령제를 폐지하지 못한다면, 새로운 정치세력의 집권은 100년이 지나도 불가능하다. 미국 대통령제의 역사가 그 증거다.

따라서 정치엘리트가 대중의 뜻을 대의할 수 있을 거라는 환상을 버리고, 지배엘리트에게 문제가 생겼을 때에 그들을 좀 더 쉽게 교체할 수 있는 시스템으로 바꾸어야 한다. 요컨대 지배엘리트의 권력을 축소하고, 그들을 좀 더 쉽게 교체할 수 있는 방식으로의 변경이 엘리트 과두정부를 개조하는 방향이 되어야 한다.

제
5
부

민주주의와 이데올로기

1장

민주주의는 이데올로기인가?

앤드류 헤이우드(Andrew Heywood)는 그의 「Political Ideologies(An Introduction)」('사회사상과 정치이데올로기'로 번역)에서, 이데올로기를 '그것이 기존의 권력제도를 유지하려고 하든 혹은 수정하거나 전복시키려 하든 조직화된 정치행동에 기반을 제공하는 비교적 일관된 관념체계'라고 정의 내렸다(32). 그리고 이데올로기의 예시로 자유주의, 보수주의, 사회주의, 민족주의, 무정부주의, 파시즘, 페미니즘, 생태주의, 종교적 근본주의, 다문화주의를 다루고, '포스트 이데올로기 시대'를 마지막으로 하여 글을 마쳤다. 흥미로운 것은 민주주의를 이데올로기의 한 형태로 다룰 법 한데도, 그렇게 하지 않았다. 그렇다고 민주주의를 이데올로기로 다루지 않는 이유를 따로 언급한 것은 아니다.

그렇다면 민주주의는 이데올로기인가? 아니다. 민주주의는 이데올로기가 아니라, 이데올로기가 구현해야 할 대상, 그 목적으로 보아야 한다. 선택 가능한 방법으로서, 그리고 논쟁의 대상으로서의 이데올로기가 아니라, 인류 지성과 인류 문명이 최종적인 목표로서 구현해야 할 정치 그 자체가 민주주의이다. 따라서 모든 이데올로기는 민주주의를 실현하기 위한 도구로써 봉사해야 하는 것이다. 드디어 자크 랑시에르의 논설이 유의미해지는 순간이다. 이미 한 번 언급한 것처럼, 랑시에르는 「정치적인 것의 가장자리에서」라는 그의 저작에서, 민주주의는 '정치체제가 아니라 정치의 설립 그 자체'라고 주장한바 있다.

민주주의는 통치형태도 사회적 삶의 방식도 아니며, 정치적 주체들이 존재하기 위해 거치는 주체화 양식이다. … (그것은) 정치에 대한 사유를 권력에 대한 사유에서 분리해내는 것을 전제한다. … (민주주의는) 정치체제가 전혀 아니라 … 정치의 설립 자체이다(17, 241).

알랭 바디우(Alain Badiou)도 그의 팜플렛 「민주주의라는 상징」에서 자크 랑시에르와 비슷한 의미로, 민주주의에 대해 정의를 내린 적이 있었다.

민주주의란 인민들이 스스로에 대해 권력을 갖는 것으로 간주된 실존이다. 민주주의란 국가를 고사시키는 열린 과정, 인민에 내재적인 정치이다(41).

인류의 문명이 시작되고 정치와 국가가 성립한 이래로 줄곧 모든 형태의 권력은 엘리트에 의해 독점되었고, 단지 새로운 엘리트에 의해 교체되어 왔다. 민중의 봉기는 새로운 엘리트가 권력을 장악하는 데에 그 동력으로 사용되었을 뿐, 대중은 언제나 권력 밖에 있었다. 이러한 권력의 역사에서, 엘리트에 의해 독점된 과두정부를 끊임없이 파괴하면서, '대의(代議)의 방식이 아니라' 대중들이 진정으로 스스로의 권력을 행사할 수 있는 정치를 실현해 내려는 것이 민주주의다. 그리고 이데올로기는 이러한 실존적 형태를 구현하기 위한 도구가 됨으로써, 민주주의는 모든 정치 이데올로기의 당위론적 목표가 되는 것이다. 아래에서는 대표적인 정치 이데올로기를 민주주의의 관점에서 재조명하고자 한다.

2장

보수주의와 민주주의

보수주의란 무엇인가

보수 혹은 보수주의라는 단어는 명확한 의미를 가지고 있지 않다. 「보수의 정신」(The Conservative Mind)의 저자 러셀 커크(Russell Kirk)도 보수주의는 이념이나 종교가 아니고, 보수주의의 교리를 제공해주는 성경, 이른바 '자본론'같은 건 없다고 한다. 그래서 커크는 '보수적'이라는 단어로, 즉 형용사로 쓰는 편이 바람직하다고 한다(794). 박근혜 탄핵 사태로 보수정당의 존립기반이 흔들리게 되자 탄핵 찬성파들이 새누리당에서 탈당하여 2017년 1월에 바른정당을 설립했었다. 그 대주주인 유승민이 '개혁 보수, 따뜻한 보수'라는 슬로건을 걸었었다. 사실 보수의 의미도 불분명한데 '따뜻한 보수'가 무슨 뜻인지는 더욱 불명확했다. 2020년 5월 미래통합당의 비상대책위원장을 맡게 된 김종인은 JTBC와의 통화에서 "일반 국민들이 보수라는 표현 자체를 달갑게 생각하지 않는다"며 "앞으로 보수라는 말 자체를 안 쓰는 게 좋을 것"이라고 했다. 2012년 새누리당의 비상대책위원 시절 당 강령에서 '보수'라는 단어를 삭제하려고 했는데, 영남 출신 의원들이 반발해서 무산되었다고 한다.

보수주의라는 용어는 1789년 프랑스 대혁명의 원칙과 정신에 대한 반대의 의미로 시작되었다. 그리고 정치이데올로기로서의 보수주의는 '변화에 대한 저항' 또는 '변화에 대한 의구심에서 무언가를 보존하려는 욕구'로서 규정되었다. 사회주의자들에게 칼 마르크스의 자본론이 있는 것처럼, 보수주의자들도 그런 경전을 갖고 싶어 했는데, 그런 연유로 후대의 보수주의자들에게 각광을 받았던 것이 에드먼드 버크의 「프랑스혁명에 관한 성찰」(1790)이다. 버크의 고전을 기초로 보수주의를 분석했다고 자처하는 우노 시게키(宇野重規)의 「보수주의란 무엇인가」는 보수주의를 다음과 같이 정의 내렸다.

정치적 보수주의는 본디 현행 정치제제의 정통성을 인정함에 따라 급진적 개혁이나 혁명을 부정하고 오히려 점진적 개혁을 주장하는 것이다(12).

그런데 현대 정치에서 정치적 과격파를 제외하고, '점진적 개혁'은 보편적으로 공유되는 관념이다. 만약 보수주의를 '점진적 개혁주의'로 정의한다면 보수주의의 정치적 반대파는 더 이상 보수주의를 배격할 이유가 없고, 보수주의는 더 이상의 이데올로기적 차별성을 잃어버리게 된다. 에드먼드 버크가 '변화'에 대해 말한 적은 있었지만, 우노 시게키의 의미와는 달랐다. 버크가 추구했던 것은 '약간의 변화'로, 그가 말한 '약간의 변화'란 보존하기 위한 무언가를 지키기 위한 것이었다.

약간을 변화시킬 수단을 갖지 않은 국가는 보존을 위한 수단도 없는 법이다. 국가에 그러한 수단이 없다면, 독실한 마음으로 보존하려 했던 헌정 부분마저 상실하는 위험에 빠질 수 있다(65).

기존 제도들에 대한 자신들의 적대감을 하나의 철학과 하나의 종교로 만들었던 일부 인사가 하듯이 기존 제도와 반목하는 대신에 우리는 그 제도들에 열성적으로 집착한다. 우리는 현재의 국교회, 현재의 왕정, 현재의 귀족제 그리고 현재의 민주제도를 각각 더도 아니고 현재 존재하는 정도 그대로 유지하기로 결심한 상태다(164).

에드먼드 버크가 보존하기 위한 대상은 국교회, 왕정, 귀족제 그리고 당시의 민주제도였다. 그는 왕정과 귀족제를 민주제도와 나란히 양립시켰다. 버크는 영국혁명의 과정에서 군주의 권력이 귀족들에 의해 제한된 당시의 상태를 민주제도라고 표현한 것이다. 즉 버크가 말한 민주제도란 귀족들의 민주제를 뜻하는 것이다. 동시대의 유럽에 현

존했던 절대왕정 체제에 비해 영국의 헌정체계가 조금 더 진일보했다는 점을 인정할 수 있는데, 버크는 그러한 영국의 헌정체계의 우월성을 자부하였다. 그래서 프랑스혁명에 고무된 리처드 프라이스가 영국에서도 '1. 우리의 통치자를 선택할 권리, 2. 부당 행위를 이유로 통치자를 추방할 권리, 3. 우리 힘으로 정부를 세울 권리'(57)를 주장한 것에 대해 짜증을 냈던 것이다.

우리나라의 헌정체계가 언제나 향유할 대상이 아니고 논쟁거리라고 생각하여 모든 것을 토론하는 데에 이 시대의 불행이 있다(165).

다시 말해서 버크가 말하는 '약간의 변화'는 우노 시게키가 생각하는 '점진적 개혁'과는 본질적으로 다르다. 버크의 '변화'는 통치체계의 근본적 변화를 막기 위한 임시적인 무마책으로, 안토니오 그람시(Antonio Gramsci)가 명명했던 '수동적 혁명'에 해당하는 것이다. 이러한 버크의 사상은 1874~80년까지 영국의 수상이었던 벤저민 디즈레일리(Benjamin Disraeli)에 의해 구체적인 정책으로 실현되었다. 19세기 초반 점증하는 사회적 불평등은 혁명의 씨앗을 품었고, 1830년과 1848년에 유럽에서 혁명으로 발발했다. 가난하고 억압받는 노동자 계급이 그들의 고통을 순순히 받아들이기 어려운 처지에 이른 것이다. 그러한 상황에서 영국의 디즈레일리는 2차 선거법 개정을 통해 농민과 노동자들에게도 선거권을 부여하는 개혁을 주도했고, 공중위생과 노동조건의 개선에 힘썼다. 그의 이러한 정책은 혁명의 파고를 차단하고 궁극적으로

부자들에게 이익을 주기 위함이었다.

그렇다면 왜 보수주의자들은 부자의 편에 설까? 왜 그들의 정책은 기본적으로 부자의 편에 서 있을까? 보수주의 정치엘리트들이 경제적으로 부유했고, 그들이 '사회적 불평등을 자연의 질서'(에드먼드 버크, 93)라고 생각했기 때문이다. 벤저민 디즈레일리의 정책은 나중에 미국에서 '온정적 보수주의'(compassionate conservatism)라는 관념으로 다시 등장했다. 이민자·빈곤층 등 소외 계층을 보호하겠다는 보수주의로, 기존 보수주의 이념과는 달리 사회적 약자에 대한 배려, 분배와 성장의 균형을 강조한다. 미국 텍사스주립대 마빈 올래스키 교수와 뉴욕 맨해튼정치연구소의 마이런 마그넷 연구원이 저작 「온정적 보수주의」(2000)에서 제시된 이념으로, 조지 W. 부시 미국대통령이 2000년 대선에서 온정적 보수주의 노선으로 따뜻한 국가건설을 제시하며 돌풍을 일으켰다. 유승민의 '따뜻한 보수'라는 슬로건도 여기서 따온 것으로 보인다. 그런데 '온정적 보수주의'라는 말 자체가 우월한 지위에서 은혜를 베푼다는 취지로, 평등의 관념에서 출발한 것이 아니다. 애초에 보수주의는 사회적 불평등을 지양해야 할 대상이 아닌 '자연의 질서'로 생각하기 때문으로, 그러한 생각은 필연적으로 귀족주의, 엘리트주의로 발전할 수밖에 없었다.

러셀 커크(Russell Kirk)는 '버크에서 엘리엇까지'라는 부제로 「보수의 정신」이란 책을 썼는데, 그 말미에 '보수의 10대 원칙'이라는 요약을 실었다(794-805).

(1) 보수주의자는 불변의 도덕적 질서가 존재한다고 믿는다.

(2) 보수주의자는 관습, 널리 오래 합의된 지혜, 계속성을 중시한다.

(3) 보수주의자는 소위 규범이라는 원칙을 믿는다.

(4) 보수주의자는 신중함이란 원칙에 따라 행동한다.

(5) 보수주의자는 다양성의 원칙을 중시한다.

(6) 인간은 불완전하다는 원칙에 따라 보수주의자들은 스스로를 억제한다.

(7) 보수주의자들은 자유와 재산권이 밀접하게 연결돼 있다고 확신한다.

(8) 보수주의자는 자발적인 공동체를 지지하고 강제적인 집산주의에는 반대한다.

(9) 보수주의자는 인간의 격정과 권력을 신중하게 자제해야 할 필요를 인지한다.

(10) 사려 깊은 보수주의자는 활력이 넘치는 사회라면 영속성과 변화를 반드시 인정하고 조화시켜야 한다고 생각한다.

위 원칙은 너무나 평범하고 지당해서 어느 누구라도 논란의 여지 없이 수용할 수 있을 것 같다. 그런데 왜 세계 각지의 보수주의자들은 그토록 잦은 충돌을 초래할까? 애초에 위 원칙은 이미 논리적으로 대립하는 것들을 병렬하고 있었다. (1), (2), (3) 원칙이 (5) 원칙과 충돌하면 보수주의자들은 (5) 원칙을 폐기한다. 결국 보수주의는 다원주의를 수용하지 못하는 것이다. 커크가 그의 「보수의 정신」에서 표현했던 것처럼 보수주의는 무언가를 반대하는 '부정의 이념'이기 때문에(794), 근본적으로 다원주의와 양립하지 못한다. 또한 (7) 원칙은 그 자체로 민주주의와 충돌한다. 재산권에 관한 제한 없는 자유는 가난한 자들에 대한 시장에서의 합법적 수탈을 전제로 하기 때문이다. 또한 보수주의는 민주주의에 반대되는 엘리트주의를 '신의 뜻으로' 당연하게 받아들였다. 러셀 커크는 보수주의의 시조로서 에드먼드 버크를 설명하면서 '귀족정치는 불평등한가?'라고 질문했고(II-6장), 미국 보수주의의 창시자 존 애덤스를 설명하는 곳에서 '귀족정치는 신의 뜻이다'라고 천명했다(III-5장). 그리고 맥컬리, 쿠퍼, 토크빌을 인용하면서 민주주의에 대해 우려하고, '민주주의의 함정'을 경고했다(VI장). 아래는 러셀 커크가 그의 「보수의 정신」에서 인용한 '1857년 5월 23일 맥컬리가 랜들에게 보낸 편지'의 일부분이다.

　　순수하게 민주적인 제도들은 조만간 자유나 문명, 혹은 그 둘을 모두 파괴해버린다고 오랫동안 확신해왔다. 인구 밀도가 높은 유럽에서 민주적인 제도들의 효과는 거의 즉각적이다. … 가난한 사람들이 부자를 약탈하거나, 문명이 소멸한다. 아니면 강력한 군사정부가 질서와 번영을 구해내고 대신 자유는 사라진다(333).

맥컬리와 같은 전통적인 보수주의자의 시각에서 시민은 그냥 '가난한 사람들'에 불과하고, 언제든지 부자를 약탈할 것만 같은 무뢰한 들인 것이다. 러셀 커크는 「보수의 정신」에서 민주주의에 관한 보수주의의 자세를 설명하기 위해, 제임스 쿠퍼(James Fenimore Cooper)의 「The American Democrat」(미국의 민주주의자)도 인용했는데, 다음과 같다.

민주주의에는 대중의 여론을 법보다 더 강력하게 만드는 성향이 있어 우리를 끊임없이 괴롭힌다. 이것이 대중적으로 인기 있는 정부에서 폭정이 스스로를 드러내는 고유한 형태다. 권력이 있는 곳에는 언제나 이를 남용하려는 성향이 발견되기 마련이다. 누군가 대중의 이해와 희망을 반대하면 거의 공감을 얻지 못한다. 그가 아무리 원칙상 옳고, 정당한 상황에 있다 할지라도 소용없다. 왜냐하면 민주주의에서 다중의 희망에 저항한다는 건 변덕을 부리는 국왕에 저항하는 셈이나 마찬가지기 때문이다. 모든 선량한 시민은 공공의 의무에서 사적인 감정의 영향을 배제해야 한다. 아울러 자유를 위해 투쟁한다면서 최대 다수의 이해를 주장해 독재정치를 돕지 않도록 주의해야 한다. 압제가 한 사회에 드리울 수 있는 가장 위험하고 간사스러운 형태는 대중적 지지를 받는 경우다(346).

민주주의에서 대중은 제도가 명백하게 양도한 권력만 보유한다. 더욱이 이 권력은 오직 헌법이 규정한 형태로만 행사한다. 그 밖에는 행동에 나서든 단순한 의견에 국한되든 모두 압제다(351).

민주주의는 실행 가능한 한 모든 권리에 동등하게 참여한다는 의미다. 사회적 평등이 대중적인 제도나 관례들의 조건이라 여긴다면 그런 제도가 문명을 파괴한다고 가정하는 셈이다. 왜냐하면 모든 인간을 취향과 세련됨에서 가장 높은 수준으로 올리기는 자명하리만큼 불가능하기 때문에 그 대안은 결국 전체 공동체를 가장 낮은 단계로 끌어내리는 것이다(353).

쿠퍼의 시각에서 대중들은 통치 받아 마땅한 열등한 존재들이기 때문에 이들에게 어떤 정책을 결정할 권한을 쥐어주는 것은 대단히 위험한 일인 것이다. 그렇기 때문에 민주주의가 '전체 공동체를 가장 낮은 단계로 끌어내리는 것'일 수 있다고 경고하는 것이다. 즉 보수주의는 엘리트의 통치에 의하여 민주주의가 견제되어야 한다고 생각하는 것이다. 그러한 의미에서 보수주의는 민주주의를 말하면서도 민주주의를 우려한다.

보수주의의 민주주의적 수정

1790년 11월에 발간했던 에드먼드 버크의 「프랑스혁명에 관한 성찰」이 당대의 지식인들을 사로잡았던 가장 큰 이유는 그가 자코뱅 독재를 예언했고, 자코뱅 독재로 인해 혁명이 타락할 것을 경고했기 때문이었다. 그는 어떻게 자코뱅 독재를 선견할 수 있었을까? 아마도 영국 헌정사에 있었던 '크롬웰 독재'로부터 추론했던 것으로 추측된다. 1642년부터 1651년까지 청교도혁명(Puritan Revolution)이라고도 불리는 왕당파와 의회파 사이에 내전(內戰)이 있었다. 당시 올리버 크롬웰(Oliver Cromwell)이 혁명군을 지휘하여 왕당파를 물리치고 공화정(Commonwealth)을 수립하는 데 큰 공을 세웠다. 결국 1653년에 통치장전(Instrument of Government)을 제정하여 초대 호국경(Lord Protector)의 자리에 올라 1658년 병으로 죽을 때까지 전권(專權)을 행사했다. 그가 죽은 뒤에 아들인 리처드 크롬웰(Richard Cromwell)이 호국경이 되었으나, 1660년 왕정이 복고되어 찰스 2세가 즉위했다. 그런데 크롬웰의 역사가 그렇다고 해서 군주제를 폐지하는 조치가 필연적으로 '독재'에 이르는 것이 아니다. 청교도 혁명은 단지 찰스 1세를 쫓았을 뿐, 군주제를 폐지하지 못했던 '실패한 혁명'이었다. 크롬웰이 의회파라는 정치적 명분을 내세웠을 뿐 '새로운 왕'으로 즉위한 거나 다름없었기 때문이다. 오히려 당시 프랑스 황제와 왕비의 목이 잘려나가는 혁명의 와중에, 군주제가 유지되기를 바랐던 유럽의 왕당파들이 역사의 흐름을 되돌리고 싶었던 열망으로, 버크의 논설에 열광했던 것에 불과하다.

군주제는 당연히 폐지되어야 할 제도이며, 결코 보존되어야 할 질서나 관습이 될 수 없다. 만약 굳이 보존되어야 할 대상을 찾는다면, 자유, 평등, 박애, 인민주권, 생존권, 행복추구권, 보편적 복지, 지구 환경의 보호, 동물권 등이고, 이것들을 제한하는 것이라면 그게 무엇이든지 변화되고 개혁되어야 한다. 따라서 과거로부터 변화하지 않으려는 것 자체가 역사를 후퇴시키는 것이다. 에드먼드 버크는 그의 저작 「프랑스혁명에 관한 성찰」에서 다음과 같이 변화를 두려워했고, 혁신을 경멸했다.

> 혁신하는 정신은 일반적으로 이기적 성향과 편협한 시각의 산물이다. 선조를 결코 돌아보지 않는 사람들은 후손도 내다보려 하지 않는다(82).

그가 자코뱅 독재를 예견했다고 해서 감탄할 것이 아니며, 오히려 군주제 이후에 등장한 부르주아 독재를 어떻게 철폐할 것인지가 인류 지성사의 다음 과제라는 사실을 주목했어야 했다. 결국 군주제 다음의 공화주의 체제에서, 보수주의의 귀족주의는 새로운 엘리트주의로 그 모습을 바꿨다. 그 헌법적 기초가 대의제도와 무기속위임 원칙이라는 사실은 누차 강조했다.

2021년 6월, 국민의힘 당대표 경선에서 '이준석 돌풍'이 불었다. 청년 대표론도 이슈였지만, 공정한 경쟁론도 돌풍의 이유였다. 능력 있는 대표를 공정한 경쟁으로 뽑는다는 주장은 그 자체로 옳다. 정치엘리트는 능력 있는 자여야 하며, 또한 공정한 경쟁으로 뽑아야 한다는 것은 너무나 당연한 것인데, 우리 사회가 그만큼 당연하지 못했던 것이다. 그런데 2021년 6월 12일 강진민 청년정의당 대표가 미디어오늘에 이렇게 인터뷰했다. 경쟁의 원리, 공정이라는 절차로 승자와 패자를 다르게 보상하는 경쟁은 구조적 차별과 불공정의 문제, 출발선이 다른 사람들에 대한 현실을 삭제한 채 하는 얘기라고 반박했다.

이준석의 능력주의는 그 자체로 엘리트주의의 다른 이름이다. 구조적 차별로 인해 기회 자체를 보장받지 못한 자를 단지 열등한 자로 간주할 위험이 있다. 보수주의는 '우월한 자가 받는 보상'을 '자연의 질서'로 생각하기 때문에, 구조적 차별과 기회의 불평등을 해결할 방법론을 가지고 있지 않다. 같은 논리로 플라톤과 아리스토텔레스 이래로 주류 정치학은 정치를 '우월한 자에 의한 통치'로 바라보았다. 그래서 '열등한 자'들에 의한 통제를 위험시하는 것이 보수주의다. 요컨대 민주주의적 시각에서 보수주의의 모든 정신적 근간은 전적으로 폐기되어야 하며, '보수'란 용어도 통용될 가치가 없는 단어이다.

다만 보수주의의 생각 중 그 효력이 유지되는 한 가지가 있는데, 그것은 '급격한 변화에 대한 반대'이다. 보수주의의 '급격한 변화에 대한 반대'를 '점진적 개혁'으로 선해한다면, 민주주의적 시각에서 수용할 수 있다. 1789년 프랑스에서, 군사력을 가진 황제와 왕당파에 대항하여 절대왕권을 폐지하는 것은 황제를 처형하는 것 말고 다른 방법이 없었다. 다른 방법이 없었기 때문에 이러한 급격한 변화는 불가피했고 정당했다. 따라서 1789년에 이러한 급격한 변화에 대해 반대하는 것은 역사적으로 반동(反動)일 뿐이다. 그러나 21세기의 현대 국가에서는 어떤 변화도 헌법적 합의에 의해 가능하기 때문에, 종래의 제도를 벗어나는 급격한 변화는 오히려 불필요하다. 만약 우리 사회에서 대통령제를 폐지한다면, 이에 관한 사회적 합의를 이루어 헌법을 개정하고 국민투표를 거쳐서 수행하면 된다. 충분한 시간을 거쳐 토론하고 합의를 이루어내는 것이 필요하며, 갑자기 어떤 불세출의 영웅이 나타나 급격한 조치로써 폐지하는 것이 어쩌면 더 위험하다. 그렇게 되면 또 다른 영웅적 마키아벨리스트가 왕정을 복고(復古)하듯이 대통령제를 복권시킬지도 모르기 때문이다.

요컨대 보수주의의 귀족주의, 엘리트주의, 불평등주의 그리고 반민주주의는 전면적으로 폐기되어야 하지만, 급격한 변화를 반대한 점진적 개혁에 관한 부분은 현대에 이르러 긍정성을 갖게 되었다.

3장

신자유주의와 개입주의

경제발전과 민주주의

대런 애쓰모글루(Daron Acemoglu)와 제임스 로빈슨(James A. Robinson)은 그들의 저작 「국가는 왜 실패하는가」(Why Nations Fail)에서 경제성장을 위해서는 창의성과 혁신을 끌어낼 수 있는 포용적 제도가 필수적이라고 주장하면서, '중국처럼 착취적 정치제도하의 성장은 지속 가능하지 않다'고 평가했다(615). 이에 대해 「홀로 선 자본주의」(Capitalism Alone)의 저자 브랑코 밀라노비치(Branko Milanovic)는 중국과 베트남이 포용적 제도를 가지고 있지 않지만 눈부신 경제성장을 달성했다면서 '중국의 성장이 지속 가능하지 않다'는 주장의 근거가 빈약하다고 비판한다.

세계은행에 따르면, 달러 기준 중국 국내총생산(GDP)은 1979년 1783억 달러(약 200조 원)에서 2020년 14조7000억 달러(약 1경6464조 원)로 41년 동안 82.5배 커졌다. 연 평균성장률은 11.4%에 달한다. 같은 기간 미국 GDP는 2조 6273억 달러(약 2943조 원)에서 20조 9300억 달러(약 2경 3442조 원)로 8배 성장했다. 연 평균성장률은 5.2%다. 미국의 성장률도 높은 편이지만, 중국의 성장률은 정말 놀라울 정도다. 1979년 미국 경제 규모의 7%에도 못 미치던 중국은 2020년 미국의 70% 규모로 성장했으며, 2028년에는 미국을 앞지를 전망이다. 정말 밀라노비치의 말처럼, 비민주적이고 권위적인 정치제도 아래에서도, 중국의 경제는 계속 성장할 수 있는 것일까? 슬라보예 지젝(Slavoj zizek)도 밀라노비치와 비슷한 의문을 그의 팜플렛 「민주주의에서 신의 폭력으로」에서 피력했다.

만일 이 권위주의적인 '눈물의 계곡'을 지난 뒤에도 [민중에게] 약속된 민주주의의 두 번째 단계가 결코 도래하지 않는다면 어쩔 텐가? 아마도 이것이 오늘날의 중국에 관해서 가장 심란한 점일 것이다. 중국의 권위주의적 자본주의는 단지 과거의 잔여물이거나 16세기부터 18세기까지 유럽에서 진행된 자본주의적 축적과정의 반복이 아니라 미래의 징후인 것이 아닐까 의심이 든다. 만일 '아시아의 채찍과 유럽 증권시장의 사악한 결합'이 경제적으로 우리의 자유주의적 자본주의보다 더 효율적임이 입증된다면 어쩔 텐가? 만일 중국이 우리가 이해하는 바대로의 민주주의가 더 이상 경제발전의 조건

이자 동력이 아니라 그 장애물이라는 사실에 대한 경고라면 어쩔 텐가?(176)

지젝은 두 가지 관점을 제시했다. 먼저 국가가 주도하는 중국식 국가자본주의가 미국과 유럽의 자유주의에 기초한 자본주의보다 더 효율적으로 보인다는 것이다. 그리고 민주주의는 경제발전의 조건이자 동력으로 이제껏 이해해 왔는데, 중국의 경제발전은 이러한 논리와 충돌하고 있다는 것이 두 번째이다.

그런데 경제발전이란 무엇일까? 밀라노비치도 그렇고 지젝도 그렇고, 경제발전을 경제총량의 증대만으로 단선적으로 전제했다. 하지만 한 국가의 GDP가 성장한다는 사실만으로 시민들의 삶이 풍요로워진다고 단언할 수 있을까? 단지 경제지표의 상승만으로 최소한의 삶을 보장하는 복지와 사회적 안전망이 확보될 수 있을까? 밀라노비치와 지젝은 거시경제지표를 중심으로 한 국부의 발전을 고찰하는 데에만 집착했다. 그러나 그러한 국부를 창출하는 데에 기여한 시민들에게 그 국부가 골고루 분배되는 문제는 별개의 조치로 진행된다는 점을 놓쳤다. 즉 민주주의의 문제는 바로 후자의 영역이다. 대런 애쓰모글루와 제임스 로빈슨이 포용적 제도로 제시한 기준은 사실은 민주주의가 아니라 자유주의 체제가 실현되었는가에 관한 것이었다.

여기서 경제총량이 증대되더라도, 그것이 특정한 소수에게만 축적되고 시민의 보편적인 생활수준의 향상으로 귀결되지 못한다면 그것을 발전이라고 부를 수 없다. 보편적인 생활수준의 향상은 시민들의 권리의 성장으로만 가능하며, 권리의 성장은 민주주의의 성장으로만 견인된다. 즉 한 국가에서 민주주의가 성숙하고 있다는 사실은 그 나라의 거시경제지표가 아닌 복지와 사회적 안전망의 확보로 표상되며, 그 둘은 전혀 별개의 문제이다. 우리는 경제지표의 성장뿐 아니라 시민들의 복지와 사회안전망의 구축까지를 염두에 두어야만 하는데, 바로 이것을 이루는 도구가 민주주의다. 다시 말해서 거시경제지표와 경제총량의 증대를 위해서도 노력해야 하지만, 시민들 개개인의 삶의 향상이 궁극적 목표라는 사실을 잊어서는 안 된다.

신자유주의와 민주주의

대런 애쓰모글루와 제임스 로빈슨은 그들의 저작 「국가는 왜 실패하는가」에서 국가 사이의 불평등의 기원을 밝히는 개념적 도구로, 포용적 경제제도와 착취적 경제제도를 제시하였다. 그리고 그것들이 포용적 정치제도와 착취적 정치제도의 각 토대 위에서 형성된다고 주장했다. 그들은 포용적 제도를 민주적 제도라고 불렀는데, 실제로 각 제도를 구분 짓는 기준으로 그들이 제시한 것은 자유주의적 경제체제의 존재여부였다.

한국과 미국은 더 많은 일반 대중이 경제활동에 참여해 자신의 재능과 역량을 충분히 발휘하며 개개인이 원하는 바를 선택할 수 있는 포용적 경제제도(inclusive economic institution)를 시행하고 있다. 경제제도가 포용적이라는 것은 사유재산이 확고히 보장되고, 법체제가 공평무사하게 시행되며, 누구나 교환 및 계약이 가능한 공평한 경쟁 환경을 보장하는 공공서비스를 제공한다는 뜻이다. 포용적 경제제도는 또한 새로운 기업의 참여를 허용하고 개인에게 직업선택의 자유를 보장한다(119).

(식민통치하의 라틴아메리카 정부, 북한) 두 사회 모두 공정한 경쟁의 장이나 공평무사한 법체제와는 거리가 멀었다. 북한에서 법 체제란 집권 공산당의 도구에 지나지 않는다. 라틴아메리카에서도 민중을 차별하는 수단에 불과했다. 포용적 경제제도와 정면으로 배치되는 속성을 가진 그런 제도를 우리는 착취적 경제제도(extractive economic institution)라고 부른다. 착취적이라고 하는 이유는 말 그대로 한 계층의 소득과 부를 착취해 다른 계층의 배를 불리기 위해 고안된 제도이기 때문이다(121, 괄호는 인용자).

포용적 경제제도는 포용적 정치제도가 닦아놓은 토대 위에서 형성된다. 포용적 정치제도는 사회 전반에 고루 권력을 분배하고 자의적 권력 행사를 제한하는 구조다. … 포용적 경제제도와 착취적 정치제도 역시 공존하기 어렵다. 포용적 경제제도가 권력을 가진 소수

엘리트층의 이익을 대변하는 착취적 경제제도로 변질되든가, 반대로 역동적 경제 덕분에 착취적 정치제도의 기반이 흔들려 포용적 색채를 띠는 길이 열린다는 것이다(129).

특별히 반박할 여지없는 평범한 주장인 것처럼 보이는데, 부정적 사례로 제시된 북한, 소말리아, 멕시코 등의 정치, 경제체제가 지나치게 열등한 탓에, 논증의 설득력을 심하게 떨어뜨린다. 또한 북한과 라틴아메리카 독재 정부가 착취적 경제체제이자 착취적 정치체제라는 사실에 동의할 수 있지만, 그 반대편 사례로 열거된 한국과 미국을 이상적인 체제로 상정하기에는 논리의 공백이 있다. 더군다나 한국의 박정희 체제는 애쓰모글루와 로빈슨의 기준에 의하면 착취적 정치제도였는데, 박정희 체제가 국가주의적 주도 아래에서 경제총량을 증대시키는 데에 성공했던 역사적 경험은 어떻게 설명할 것인지도 문제이다.

애쓰모글루와 로빈슨은 북한, 소말리아, 멕시코 등 독재정부를 비판적 사례로 게시해 놓고, 막상 제목은 「Why Nations Fail」(국가는 왜 실패하는가)이라고 함으로써, 국가의 개입주의(케인즈주의) 전반을 부정하는 듯한 뉘앙스를 시사했다. 하지만 막상 책 어디에도 개입주의를 비판하는 일반론을 제시하지는 않았다. 다만 포용적 제도의 이상적 형태로 미국의 체제를 예시하고, 제도의 기준으로 자유주의를 제시함으로써, 전체적으로 신자유주의를 정당화하는 인상을 담았다.

경제체제가 기본적으로 자유롭고 경쟁적이어야 하는 것은 너무나 당연하다. 하지만 그렇다고 하여 프리드리히 하이에크(Friedrich von Hayek)나 밀턴 프리드만(Milton Friedman)과 같은 미국 신자유주의자들의 주장처럼, 시장의 기능을 절대시하고 정부의 개입을 부정하는 것은 옳지 않다. 신자유주의는 실질적으로 독점적 공급자들이 시장을 지배하는 것에 대해 방임하고, 사실상 그들과 연합하는 것과 같다.

애쓰모글루와 로빈슨이 주장하는 것처럼, 일반 대중이 경제활동에 참여해 자신의 재능과 역량을 충분히 발휘하며 개개인이 원하는 바를 선택할 수 있다고 하여, 마냥 포용적 경제제도(inclusive economic institution)가 될 수 있는 게 아니다. 정부의 규제 없이 시장의 자유를 무제한적으로 보장하는 경우에는 필연적으로 시장의 지배자에 의해 독점이 형성되고, 공정한 경쟁이 왜곡되게 된다. 즉 북한이나 소말리아, 라틴아메리카의 독재 정부의 엘리트층이 직접적으로 경제를 지배하는 것과 달리, 미국의 정치엘리트는 시장의 지배자를 방임함으로써 간접적으로 소수의 부유층과 결탁하고 있는 것이다. 2008년 모기지론 사태가 국제적 경제위기로 비화했던 것도 미국 우파의 방임으로 파생된 것이고, 가장 중대한 사회안전망의 하나인 의료체제를 공공보험으로 운영하지 못하고 철저하게 이윤의 동기로 운영하게 하는 것도 미국 우파의 신자유주의의 결과이다.

미국의 정치엘리트와 시장지배자의 결탁에 대해 김광기의 「아메리

칸 엔드 게임」(2020)이 상세하게 설명하고 있는데, 아래는 그 중 2008년
금융위기 이후 주택 가격 폭락에 따른 사모펀드의 부동산 투자와 미
국 정부의 연결고리를 설명한 부분이다.

블랙스톤은 2012년 7월 기준 미국 14개 지역에 86억 달러를 들여
4만 4,000채의 단독주택을 구입했고, 2019년 6월 현재 17개 지역에
서 8만 채를 보유한 명실상부한 세계 최대 부동산업체다. 그런데 부
동산은 원래 블랙스톤의 주력 사업이 아니었다. 했다 해도 상업용만
조금 손댔을 뿐이다. 그러나 2012년부터 전략을 확 바꿨다. 부동산
에 주력했고, 그것도 상업용보다는 일반 주택에 꽂혔다. 그런데 그것
도 주택 매매가 아닌 임대사업으로(74).

2008년 금융위기 이후 부동산 거품이 꺼지면서, 주택 값은 대폭
락했다. 그것을 치고 들어 온 것이 바로 사모펀드다. 네바다의 라스
베이거스도 부동산 투기가 심했던 곳으로 거품이 꺼지자 압류된 주
택들의 지옥이 되었다. 그것을 사모펀드가 싹쓸이해서 주워 담았다.
… 은행 금리가 갑자기 오르자 헬게이트로 투기 대상이 된 주택들
이 은행에 압류되었고 은행은 그것을 떠안고 사망 직전에 이르게 되
었다. 은행이 헐값에 내놓은 주택은 살 사람이 없었고, 임대할 사람
도 없었다. 엄청난 실업이 가져온 결과다. 살 여력도 임대할 여력도
없었다. 많은 사람이 길거리 노숙자로 전락했다(76).

금융위기 발발 후 10여 년 동안 라스베이거스의 단독주택 7,500여 채가 9개의 사모펀드 손아귀에 들어갔다. … 이렇게 만들어준 조력자가 있었다. 바로 정부와 연준의장 벤 버냉키(Ben Bernanke)다. 2012년 연방주택기업감독청(Federal Housing Finance Agency)은 2012년 사모펀드가 압류된 단독주택을 헐값에 대량 매집해서 임대사업자가 될 수 있는 시험용 프로그램(pilot program)을 시행한다. 버냉키가 조력함으로써 월가의 사모펀드는 미국 전역에서 35만 채의 집을 매집할 수 있었다. 연방정부와 연준의장 버냉키가 저것만 해준 게 아니다. (블랙스톤의 자회사) 인비테이션 홈스(Invitation Homes)가 기업공개를 하기 바로 직전에 국책은행 격인 패니 매(Fannie Mae, 국책 주택담보금융업체)가 보증하는 10억 달러짜리 임대주택담보증권(rental-home mortgage-backed securities)까지 습득한다. 위험에 따른 손해 회피와 기업공개 시의 호재 등으로 따 먹을 수 있는 모든 열매는 다 따먹는다(78).

코로나19가 발발하고 다른 나라에 비해 미국에서 그 타격이 심했던 이유에 대해, 김광기의 「아메리칸 엔드 게임」은 국가 재난 사태에조차 미국의 신자유주의 원리가 작동한 탓이라고 지적했다.

캘리포니아주는 코로나 감염환자를 치료하기 위해 샌프란시스코의 한 병원과 임대계약을 맺었다. 그런데 이 병원은 그 지역의 환자를 받을 여력이 전혀 없다. 주 정부가 원하는 것의 20퍼센트만 처리할 능력밖에 없다고, 병원 관계자가 밀려오는 환자들을 보고 난색을 표하고 있다. PPE는 물론 인공호흡기, 그리고 병상까지 완전히 떨어진 상태다. 이제 미국에서 왜 이런 일들이 벌어질 수밖에 없는지 정곡을 찔러보자. 그것은 바로 미국의 병원이 이런 대량 환자의 발생 자체를 상정한 적이 없었기 때문에 벌어진 일이다. 더 뼈를 때리는 말을 해볼까? 비상사태는커녕 평상시에도 미국의 병원은 해당 병원이 있는 인근의 모든 국민들을 잠재적 환자들로 꼽아본 적이 결코 없다. 애초에 미국 병원엔 국민들은 없었다. 자신들을 찾을 고객은 단지 소수, 의료보험을 가진 돈 많은 이들이니 말이다. 의료보험이 있다 해도 그 종류가 천차만별인 이상 그 액수에 따라 갈 수 있는 병원이 한정되어 있으니 정말로 그 예상치를 넘는 환자는 아예 고려해본 적이 없는 것이다(158).

의료체제 말고도 제약회사와 미국 정치엘리트의 노골적인 야합은 이미 정도를 벗어났다. 심지어 하원의장인 민주당의 낸시 펠로시(Nancy Pelosi)가 2008년 이후부터 2018년까지 10년 동안의 선거 기간 중 제약회사로부터 받은 돈이 총 230만 달러(약 276억 원)에 이르렀다고 할 정도다. 그나마 정계의 아웃사이더였던 트럼프가 제약회사로부터 정치자금을 받지 않았던 탓에, 2016년 대통령 공약으로 지나치게 높은 미국의 약값을 반드시 내리겠다고 유권자들에게 약속했었다("Trump draws ire after retreat on drug prices pledge", The Hill, Nov. 24. 2019.). 하지만 트럼프의 약속은 지켜지지 않았다. 이미 공약이 지켜지지 않을 것이라는 전조가 보였는데, 트럼프가 보건복지부 장관으로 알렉스 아자르(Alex Azar)를, 그리고 보건정책 고문으로 조 그로건(Joe Grogan)을 기용한 것이다. 아자르는 거대 제약회사인 일라이 릴리(Eli Lilly)의 로비스트로, 2017년 12월 26일자 뉴욕타임즈는 "일라이 릴리를 위해 약값을 올렸던 알렉스 아자르가 과연 미국을 위해 약값을 내릴 수 있을까?"라는 기사를 게재했다("He Raised Drug Prices at Eli Lilly. Can He Lower Them for the U.S.?"New York Times, Nov. 26. 2017). 한편 조 그로건도 최대의 제약회사인 길리어드 사이언스(GILEAD SCIENCES INCORPORATED)의 로비스트였다("Grogan and Philipson : We can lower drug prices and spur medical innovation. Pelosi's H.R.3 is not the answer"Fox Business News, Dec. 6. 2019.). 길리어드 사이언스는 타미플루를 개발했던 회사로, 타미플루가 개발되었던 시기인 1997년부터 2001년까지 길리어드 사이언스의 회장은 다름 아닌, 부시 정권의 국방부 장관이었던 도널드 럼스펠드(Donald Rumsfeld)였다. 길리어드 사이언스는 코로나 발발 이후에 렘데시비르(remdesivir)를 개발했고, 아직 정식 승인도 받기 전인 2020년 3월 23일 '희귀약품'(orphan drug) 지정을 FDA에 요청해서 희귀약품 지정을 받았다. 이로써 임상비용의 25%에 달하는 약 4,000만 달러(약 480억 원)의 비용을 세금으로 공제받을 수 있게 되었다. 세금으로 투자비용을 보전해주고 특허까지 보장해서 제약회사의 이익만을 채워주는 것이라고 버니 샌더스와 시민단체들이 비판했지만, 트럼프 행정부는 눈 하나 깜짝하지 않았다(김광기, 「아메리칸 엔드 게임」 166~187).

이것이 민주주의의 종주국인 것처럼 미화된 미국의 실상이다. 요컨대 자유주의 체제를 기준으로 경제적, 정치적 제도의 장단점을 나누는 애쓰모글루와 로빈슨의 방식은 중대한 논리적 결함을 가지고 있다.

개입주의와 민주주의

브랑코 밀라노비치와 슬라보예 지젝도 그렇고 애쓰모글루와 로빈슨도 중국식 국가자본주의의 거시경제지표가 성장하는 이유를 정확하게 이해하지 못하고 있다. 심지어 지젝은 자신의 논리로 해명할 수 없는 상황을, '심란한 일'이라고까지 표현했다(176). 미국과 서구는 스스로를 민주주의 체제라고 부르고, 중국의 정치체제를 비민주적이라고 생각하기 때문에, 중국식 국가자본주의의 경제총량의 성장을 이해하기 어려운 것이다. 그러나 중국의 체제 역시 서구와 마찬가지로 엘리트 정치권력이라는 공통점을 가지고 있으며, 경제총량의 증대는 정치의 안정만으로도 달성할 수 있다는 점을 각인하고 바라보아야 한다. 덩샤오핑이 실권을 장악한 후 주석제를 부활시키면서 주석의 임기를 5년으로 하되 연임할 경우 10년까지 가능하게 했고, 3연임을 제한하였다. 이로써 종전 정부의 실패와 부패를 다음 정부가 수정할 기회를 가지게 된 것이고, 이러한 시스템이 지금의 경제성장을 가져온 것이다. 엘리트 권력의 안정성은 '교체 시스템의 제도화'로 보장되는데, 그러한 점에서 서구에 비교하여 중국 체제의 안정성이 크게 뒤떨어지지 않았던 것이다. 다시 말해서 겉으로는 대단히 민주적인 것처럼 포장되어 있지만

미국의 양당체제에 기반을 둔 과두권력 체제나 중국의 집단지도체제
나 실상은 크게 다를 바 없는 것이다. 속칭 '민주주의 사회'에서 '선거'
라는 형식을 거치고, 그로 인해 '민주적'이라고 착각하는 정도의 차이
가 있을 뿐이다.

그런데 중국은 종전의 체제 안정성을 스스로 후퇴시켰다. 2018년 3
월 전국인민대표대회에서 국가주석직 3연임 제한 조항을 삭제한 것이
그것이다. 여기서 우리는 박정희 유신헌법의 데자뷰를 보게 된다. 당
장은 시진핑의 집권 안정에 기초해서 경제에 관한 장기적인 국가계획
을 수립하고 실현할 수 있을 테지만, 시진핑의 노쇠로 인한 레임덕이나
사망에 이르게 되면, 당연히 정치 불안정이 초래될 것이다. 그리고 이
로 인해 필연적으로 경제위기에 직면할 것인데, 이는 덩샤오핑이 마련
한 권력교체 시스템이 깨졌기 때문이다.

애초에 경제총량의 증대는 애쓰모글루나 지젝이 생각하는 것처럼
민주적 제도에 기인하는 것이 아니라, 체제의 안정성만 있으면 달성
가능한 것이었다. 결국 박정희 체제와 중국식 국가자본주의가 애쓰모
글루의 개념에 의할 때에 '착취적 정치제도'임에도, 경제총량의 증대에
성공했다는 사실은 '이해할 수 없는 일'이 아니라, 개입주의, 즉 케인즈
주의(Keynesian economics)의 성공가능성을 증명하는 것이었다. 다만 박정
희 체제나 중국식 국가자본주의는 결코 성공모델로서의 개입주의라고
부를 수 없는 본질적 결함을 가지고 있는데, 그것은 정치권력의 근본

적 불안정성 때문이다.

그렇다면 경제에 대한 정부의 개입은 어느 범위까지가 최선일까? 전국경제인연합회가 2021년 초에 내놓은 '규제개혁위원회 규제심사 결과 분석' 자료에 따르면, 2020년 한 해에만 정부 입법으로 인해 신설된 규제가 1009건, 강화된 규제가 501건에 달했다. 신설·강화 규제 건수는 전년보다 55.0% 늘었다. 이 때문에 이명박·박근혜 정부 때보다 기업 환경이 더 나빠졌다는 평가가 나온다. 규제로 인한 기업 활동 위축은 민간 일자리가 줄어들고 공공 부문이 그 자리를 채우는 악순환으로 이어지고 있다. 전 세계적으로 봐도 한국의 청년 일자리 감소는 두드러진다. 경제협력개발기구(OECD)에 따르면 최근 10년간 청년실업률(15~29세)이 증가한 6개국 중 한국의 상승폭(+0.9%포인트)은 재정위기를 겪은 그리스(+10.1%포인트)와 이탈리아(+4.0%포인트)에 이어 3위였다. 기업의 빈자리는 정부 재정이 채우는 결과로 나타났다. 한국은행이 발표한 '2019년 공공부문계정'에 따르면 정부와 공기업 등 공공부문의 총지출은 862조4000억 원으로 역대 최고치였다. 전년 대비 증가율은 7.9%에 달했으며 국내총생산(GDP)에서 공공부문 총지출이 차지하는 비율은 44.9%로 2013년(45.4%) 이후 6년 만에 가장 높았다. 민간 부분에서 떨어진 경제 활력을 정부 지출로 메우려 했다는 의미다. 문재인 정부 출범 전인 2016년부터 지난해까지 36개 전체 공기업의 경영정보 데이터를 분석한 결과 공기업의 영역이익이 69.9% 급감한 것으로 나타났다. 반면 임금·복리후생비·퇴직급여 등 직원에게 주는 인건비는 20.6%나 늘었다(2021년 6월 14일자 문화일보 「경제민주화 내세운 '개입본능' … 기업의지 꺾고 재정 중독증」).

인터넷에서 '실업급여 타는 법'을 검색하면, 유튜브 특강을 클릭만 해도 실업수당을 받을 수 있는 방법이 소개되어 있다. 한 취업 관련 대형 커뮤니티에서는 "유튜브에서 영상 4개만 보고 수강확인서를 내면 실업급여 신청이 가능한데, 실제 강의를 보지 않아도 확인할 길이 없으니 거짓으로 대충 서류만 제출하라"는 조언이 속속 올라온다. 2021년 6월 26일 고용노동부에 따르면 직전 5년 동안 3회 이상 실업급여를 받은 사람은 2017년 7만 7000여 명에서 지난해 9만 4000여 명으로 22% 늘었다. 이처럼 실업급여를 반복 수급하는 구직자가 늘면서 실업급여 지급액은 지난달 1조 778억 원을 기록하며 올해 2월 이후 월 지급액이 넉 달 연속으로 1조원을 넘겼다. 올해 1~5월 지급액을 모두 합하면 5조 3899억 원으로 작년 같은 기간보다 9967억 원(22.7%) 더 많다. 지난해 코로나 사태로 연간 지급액이 11조 8000억 원을 기록하며 역대 최대까지 치솟았는데, 올해 지급액은 이를 뛰어넘을 가능성이 크다. 정치의 목적이 사회적 약자의 보호와 시민들에 대한 복지의 확대에 있지만, 한편으로 도덕적 해이를 유발하는 제도적 허점은 건전하게 노동하면서 복지기금을 충당하는 대다수 시민들의 노동의욕을 해치게 된다.

코로나19 사태로 인한 복지지출은 재정건전성에 비추어 우려할 정도에 이르렀다. 한국의 국가채무 비율(GDP 대비)은 2019년 37.7%에서 올해 48.2%로 2년 만에 10%포인트 이상 급증했다. 2024년에는 59.7%까지 치솟으며 60%를 넘어설 기세다. 과거 연간 상승률이 2%포인트를 넘지 않았던 것을 고려하면 심각한 수준이다. '국민 위로 지원금'을 위해 2차 추가경정예산을 추진할 경우에, 국가채무 비율 60%를 넘어서는 시점이 앞당겨질 수밖에 없는 지경이 되었다. "인플레이션이 압력이 커진 상태에서 확장적 재정지출은 물가상승에 기름을 부어 인플레이션을 고착화할 우려가 있다."는 김성재 미국 가드너웹대학 웰스매니지먼트 프로그램 지도교수의 지적은 경청해야만 한다(2021. 6. 27.자 조선비즈 「美 가드너웹大 김성재 교수 "가계지원금 등 확장 재정, 인플레 고착화 우려"」).

요컨대 기업의 창의성 증진이 경제정책의 중심이어야 하고, 정부개입은 부차적 수단으로 계획되어야 한다. 그리고 경제정책의 최종 목표가 시민들의 보편적 복지이지만, 복지정책은 해당 시점의 재정능력을 넘어서서는 안 되며, 복지제도에 필연적으로 수반되는 도덕적 해이를 막는 예방적 조치가 항상 강구되어야 한다. 개입주의의 주체인 정부는 친기업주의적이어도 안 되고, 친노동주의적이어도 안 된다. 최대한 중립적인 위치에서 최선의 선택을 해야만 하며, 유권자는 정부의 중립적 위치를 최선을 다해 견인해 내야만 한다.

이데올로기와 스윙-보팅

토마스 프랭크의 질문처럼, 왜 가난한 사람들은 부자를 위해 투표할까? 왜 가난한 사람들이 부자들의 정당인 보수정당에 투표할까? 사실 보수정당은 계급성보다는 우파 정당으로서 대중에게 인식되었고, 반공산당-반사회주의 투쟁으로 자신의 당파성을 각인시켰다. 실제로 한국사회에서도 우파 정당은 자신에 대한 반대파를 빨갱이로 매도하면서, 대중들을 포섭했다. 결국 가난한 사람들을 위한 노동자운동이나 농민운동을 '친북운동'으로 취급한 우파 정당의 프로파간다는 성공했고, 북한과 치렀던 내전의 트라우마는 자연스럽게 가난한 사람들의 상당부분을 우파 정당의 지지자로 설득시켰다. 거기에 역사적으로 박정희-전두환-김영삼으로 이어지는 영남 출신 지배엘리트의 '호남차별 전략'을 바탕으로, 호남을 제외한 나머지 지역의 상당수 서민을 우파 정당이 장악하는 데에 성공했던 것이다.

　그렇다고 우파 정당이 아무런 긍정성도 가지지 않는다는 것은 아니다. 마르크스는 오로지 노동으로써만 가치가 창출된다고 생각했지만, 새로운 기술과 새로운 가치 창출의 첫 발이 혁신적인 기업가로부터 탄생한다는 사실을 자본주의의 역사는 증명해 왔다. 그리고 레닌이 구상하고 스탈린과 마오쩌뚱이 만들었던 사회주의 모델은 사실상 공산당 관료가 부르주아를 대신한 관료독점자본주의 체제에 가까웠다는 사실도 외면해서는 안 된다. 지금의 자본주의를 대체할 만한 어떤 유토피아적 시스템을 창조할 수 없기에, 우리는 자본주의 내에서 미래를 개척해 나가야만 한다. 그러한 의미에서 기업의 창의성을 존중하고 새로운 가치를 창조할 수 있도록 친(親) 기업가적 정책을 마련하는 것, 복지정책에 필연적으로 수반되는 도덕적 해이를 방지하고 예비하는 것 등이 우파 정당의 몫이다.

　시민들은 정치의 소비자이자 최종적인 심판자이기 때문에, 당파성을 가지게 되면 진리에 접근하는 데에 객관성과 중립성을 잃게 될 가능성이 높다. 그래서 정치철학자가 아닌 시민들이 어떤 획일적인 이데올로기로 자신을 무장하고, 사태를 재단하는 것은 옳지 않다. 오히려 추상적인 이데올로기로부터 벗어나 그때그때 현실에서 살아 있는 정책을 선택해야 한다. 이론적인 체계보다 삶의 문제로 구체화된 의제를 중심으로 정책의 가부를 따지는 것이 현명한 선택이다.

그러한 의미에서 유권자로서의 시민은 어느 하나의 이데올로기를 고집할 것이 아니라, 모든 이데올로기를 민주주의의 시각에서 비판하고 포용해야 한다. 보수주의의 엘리트주의와 불평등주의는 민주주의와 양립하지 않으므로 배척해야 하며, 토론과 공동체의 합의를 통한 점진적 개혁의 관점은 수용될 수 있다. 시장의 변동성을 제어하고 경제적 강자로부터 사회적 약자를 보호하기 위해서만 국가가 시장에 관여해야 하며, 만약 개입주의가 기업의 창의성을 해친다면 제한되고 수정되어야 한다. 한편 기업 활동의 극단적 자유를 주장하는 신자유주의는 대다수 서민들의 생존권을 수탈할 수밖에 없어 배척되어야 하며, 다만 집단과 공공의 이름으로 개인이 억압받아서는 안 되고, 국가가 개인의 사생활과 자유를 제한하는 데에 있어서는 지극히 신중해야 한다는 점에서만 자유주의가 민주주의에 수용될 수 있다. 개인의 자유를 억압하고 집단주의적 경제모델을 추구했던 종래의 사회주의체제는 민주주의와 양립하지 않으며, 인간의 이성과 사회의 발전을 믿고 사회안전망의 확보와 보편적 복지가 추구되어야 한다는 측면에서는 사회주의의 이념이 수용될 수 있다. 민족과 국가가 우리 삶의 출발이라는 점에서 민족주의와 민주주의가 양립하며, 민족과 국가를 이유로 한 차별에는 반대한다는 점에서 국제주의는 민주주의의 한 기준이 될 것이다.

그때그때의 정책 선택에서 설령 오류가 발생하더라도, 민주주의적 정책결정의 규칙, 즉 (1) 정보의 투명한 공개, (2) 합리적이고 심도 있는 토론 기회의 보장, (3) 소수 의견에 대한 절대적 존중의 규칙을 준수한 다면, 빠른 시간 내에 오류를 수정할 수 있을 것이다. 따라서 유권자들은 특정 이데올로기 또는 특정 정당에 얽매이지 않고 매번 스윙-보팅을 해야 한다. 맑스가 혁명을 통해 '공산주의라는 유토피아'로 이행할 수 있다고 생각했다면, 실제로 인류의 역사는 민주주의에 의해 '잠정적 유토피아'로 '조금씩' 전진할 것이다.

시민발의와 국민투표로써 정치엘리트를 제어하고, 다당체제 의원내각제로 손쉽게 지배엘리트를 교체할 수 있다면, 굳이 시민들이 특정 정당에 가입할 필요가 없다. 하급 당원이 정당을 민주화시킬 가능성보다, 그 정당의 지배엘리트에 의해 구속당할 가능성이 훨씬 높기 때문이다. 정치엘리트로 구성된 정당으로부터 시민들이 떨어져 있어야만 그들을 주체적으로 소비할 수 있을 것이다. 또한 그러기 위해서는 반드시 스윙-보팅을 해야만 한다. 그리고 스윙-보팅의 정치적 효과가 제대로 발휘되기 위해서는 다당체제가 구축되어야 한다. 시민들이 정치의 소비자이자 궁극적인 심판자가 되기 위해서는 여러 개의 선택지가 필요하기 때문이다. 그렇지 않고 양당체제로 제한된 스윙-보팅은 공동의 과점권력을 정당화하는 들러리 수단으로 전락할 수밖에 없을 것이다.

한편 스윙-보팅은 지배엘리트를 긴장시키기 위해서도 필요하다. 정치엘리트를 교만하게 만드는 동력은 바로 그를 숭배하는 적극지지층이다. 박근혜를 타락시킨 것은 그녀의 측근들이 그토록 자랑스럽게 생각했던 '콘크리트 지지층 30%'였으며, 문재인을 수렁에 빠트릴 장본인도 '대가리가 깨져도' 충심을 잃지 않을 '문파'가 될 것이다. 스윙-보터의 시각에서는 조국 전 장관 딸의 표창장 위조사건이나 아들의 허위 인턴 경력사건은 김성태 자유한국당 의원 딸의 KT 채용비리 사건과 별반 다를 게 없다. 오히려 조국이 민주당에서 차지하는 지분율이 김성태가 차지하는 보수당에 대한 지분율보다 월등히 크기 때문에, 사건의 파급력이 훨씬 클 수밖에 없었던 것이다. 2021년 6월경 송영길이 민주당 대표가 되자마자 조국 사태를 사과했는데, 문파의 거센 비난이 작렬했다. 대다수 국민들이 조국 사태를 공정성의 실패로 바라보는 데 반해, 문파는 여전히 검찰개혁에 대한 검찰의 반발로 조국 전장관이 희생되었다고 생각하는 것이다. 그러함에도 선거의 결과는 스윙-보터가 결정한다는 사실을 잊어서는 안 된다. 요컨대 스윙-보터만이 정치 엘리트를 실질적으로 긴장시킬 수 있는데, 왜냐하면 집권 엘리트들이 가장 두려워하는 것이 다음 선거에서 낙선할지도 모른다는 불안감이기 때문이다.

5장

결어

스윙보터의 통계적 패턴에 의할 때, 2022년 대선에서는 민주당이 2~3%의 근소한 차이로 승리할 것이고, 보수당은 2027년에 집권하게 될 것이다. 근본적인 변화 없이도, 에드먼드 버크가 말했던 '약간의 변화'만으로 집권할 수 있을 것이다. 2021년 6월 이준석이 당대표가 되고 난 다음 그의 출근길 자전거가 대단한 뉴스거리가 되었던 것처럼, 대변인을 서바이벌 오디션방식으로 선임하여 흥행에 성공했던 것처럼, 실제로는 아무런 내용도 없이 단지 쇼케이스를 벌이는 것만으로 보수당은 다시 집권할 것이다. 사실 자강(自强)이 아니라 상대당의 실패로 집권하는 것이기 때문이다. 그리고 나서 민주당은 10년 뒤인 2037년에 다시 집권할 것이다. 민주당 역시도 자력이 아니라 보수당의 실패로 집권하게 될 것이다. 이들이 번갈아 집권하는 그 사이 양당의 정책실패는 쉽게 수정되지 않을 것이다. 왜냐하면 정책의 수정이 전적으로 그들의 선의에 의존할 수밖에 없고, 시민들이 강제할 방법이 없기 때문이다. 마치 군주제 시절에 백성들이 선량한 군주를 기다리는 것에 비견할 만하다.

정치엘리트가 무능하고 부패한 경우에 도대체 시민들은 무엇을 할수 있을까? 양당체제 아래에서 반복되는 양당의 실패는 어떻게 해결할 수 있을까? 진정으로 민주주의의 위기인가? 그렇지 않다. 민주주의의 위기란 실존하지 않는다. 왜냐하면 민주주의는 지금껏 실현된 적이 없기 때문이다. 시민들의 요구가 묵살되고 잘못된 정책이 반복되는 것은 엘리트 과두정부의 무능 때문이며, 그것은 과두제의 속성이자 대의제의 한계일 뿐 민주주의의 위기가 아니다.

대한민국헌법 제1조 제2항은 '대한민국의 주권은 국민에게 있고, 모든 권력은 국민으로부터 나온다'고 규정하고 있다. 영화 '변호인'의 마지막 장면에서 노무현 변호사로 분장했던 배우 송강호가 최후변론에서 이 조항을 말했을 때, 대다수의 관객은 뭉클하지 않을 수 없었다. 이 헌법조항이 무시되었던 '치욕스럽고 공포스러운' '전체주의 시대'를 기억하기 때문이었다. 그러나 지금 우리는 그 시대를 지나서 다음 시대를 살고 있고, 새로운 시대의 문제를 해결해야만 한다.

전체주의 체제에 항거했던 이른바 민주화 세력의 집권정부가 독선과 무능을 보였다. 그런데 이것은 몇몇 정치인의 문제가 아니고, 엘리트 과두제가 가지는 숙명이다. 헌법 제1조 제2항은 권력의 '소재와 근거'를 규정하는 것일 뿐, 결국 그 권력의 행사는 대의제에 의해 선출된 엘리트에 의해 이루어진다. 그리고 선출된 엘리트는 자신의 양심에 따라 정치를 하는 것으로 족하다. 결코 자신을 선출한 대중들의 뜻에 따르지 않아도 되는데, 이러한 무기속위임은 헌법적으로 확립된 원칙이다(대한민국헌법 제46조 제2항, 독일연방기본법 제38조 제1항). 그러하기에 대의제는 민주주의가 아니며, 단지 공화주의를 구현한 제도일 뿐이다. 결국 대의제의 선거는 엘리트 과두정부의 정당성을 승인하는 형식적 절차가 되었다. 공공영역의 확장과 행정 및 정치의 전문화를 이유로 대의제가 필요하다는 사실을 부인하지 않는다. 하지만 대의제가 필요하다고 해서, 민주주의가 아닌 것을 민주주의라고 부를 수는 없다. 요컨대 '대의(代議)'란 없으며, 헌법적으로 용인된 '주권(主權)의 양도'가 있을 뿐이다. 그러함에도 '주권은 국민에게 있다'는 헌법 제1조 제2항의 허울에 빠져, 시민들은 자신의 주권이 양도되었다는 사실조차 모르고 있다.

정치적 영웅을 추종하고 숭배하는 것을 '정치참여'로 착각하는 일을 이제는 멈추어야 한다. 시민발의와 국민투표를 헌법에 수용하게 되면, 피켓을 들고 시위하지 않아도, 정치엘리트에게 하소연하지 않아도 법률을 입안할 수 있게 된다. 그리고 반대하는 법률이 의회를 통과하더라도, 화염병과 돌을 던지지 않고, 토론과 국민투표로써 그 법률을 저지할 수 있게 된다. 그야말로 진짜 민주주의를 실현하게 되는 것이다. 또한 대통령제를 폐지하고 비례대표제에 기초한 다당체제의 의원내각제를 안착시킨다면, 시민들의 의사에 반하는 지배엘리트를 정치판에서 축출해 내고 새로운 정치엘리트를 손쉽게 발굴해 낼 수 있다. 이렇게 해야 시민들이 정치엘리트로부터 지배당하지 않고, 그들을 주체적으로 소비할 수 있게 된다. 박정희, 김대중, 노무현이 우리를 지배하는 영웅이 되어서는 안 되며, 우리가 그들을 도구로 삼아야 한다. 바로 이것이 국민주권을 실현하는 길이며, 민주주의에 들어서는 첫 걸음이다. 이렇게 해야만 '권력이 항상 엘리트 사이에서 교체되고, 대중은 항상 권력 밖에 머물러 있다'는 빌프레도 파레토의 비극적 역사관을 깨트릴 수 있을 것이다.

21세기 대중들의 교육수준은 대단히 높아, 모든 사안에 대해 토론하고 그 정책을 투표로 결정할 수 있을 만큼 지적으로 훈련되어 있다. 그리고 직접민주주의를 뒷받침할 디지털 기술이 창조되었는데, 그 이름은 블록체인이다. 앞으로는 직접민주주의가 작은 나라에서만 가능한 것 아니냐고 더 이상 반문해서는 안 된다.

엘리트주의자들이 염려하는 것처럼 대중들은 결코 무지하지 않으며, 단지 '민주주의에 관한 방법론'을 모를 뿐이다. 그런데 민주주의 방법론에 대한 이러한 무지는 18-19세기 부르주아 계몽주의자들이 만들어낸 것이었다. 에드먼드 버크 그리고 이마누엘 시에예스는 '대의제와 무기속위임'을 보편적인 원칙으로 확립함으로써, 대의제를 간접민주주의라고 부르고, 정책을 결정하는 것이 아니라 사람을 뽑는 것을 민주주의라고 착각하게 만들었다. 민주주의에 대한 이러한 왜곡이 2세기에 걸쳐 누적되었고, 우리의 초등학교 사회 과목, 초등학교 반장 선거로부터 시작해서 민주주의에 대한 잘못된 교육과 학습이 뿌리내리게 되었다. 지금이야말로 '민주주의에 관한 공화주의적 왜곡'을 깨트려야 할 때다.

일반인들은 물론 정치학자들도 민주주의의 시초를 그리스라고 말한다. 하지만 고대 아테네에서 시민이란 '판결을 내리고 공직을 맡는'데 참여하는 사람이었다(Aristotle, The Politics, 169). 고대 그리스의 관점에서 지금을 따진다면, 국회의원이나 공직자만이 시민으로 불릴 수 있어 결국 현대국가에서 시민의 숫자는 얼마 되지 않는다. 심지어 아리스토텔레스의 시각에서 민주주의는 경멸적 단어로, '가난한 사람들'이 공공의 이익보다는 모든 사회적 차이나 기득권을 없애 버리고 평등하게 만들겠다는 전제적 권력형태였다(데이비드 헬드, 74). 최근에 어떤 대선후보가 '최저임금제'를 '폐지되어야 할 규제'라고 말한 것을 보면, 위와 같은 아리스토텔레스의 시각은 결코 과거의 것이 아니라 아직도 현존하는 정치적 스탠스로 이어 오고 있다.

기원전 1세기의 키케로(Cicero), 리비우스(Livius) 등에 의해 시작된 공화주의 사상은 14세기 르네상스 이탈리아의 라티니(Brunetto Latini)나 마르실리우스(Marsilius) 등으로 이어졌다. 교황과 황제의 권력을 비판했던 마르실리우스는 교황 요한 22세에 의해 이단으로 낙인찍혀 뉘른베르크로 피신해야만 했는데, 당시에 '마르실리우스주의자'로 불리는 것은 19세기의 '마르크스주의자'만큼이나 이단적이고 체제전복적인 것으로 간주되었다고 한다. 마르실리우스의 사상을 살피면 어떻게 14세기에 이런 이념이 구축되었는지 놀라울 지경인데, 어쩌면 현재의 대의제 체계는 마르실리우스가 그의 「평화의 옹호자」(Defensor pacis)에서 설계한 아이디어가 실현된 것이라고 봐도 무방할 정도다.

마르실리우스가 … 주장한 정부 구상은 … 자치평의회를 만들며, 시민 생활의 '통치자'나 '행정관'—모든 시민의 이익을 위해 법을 유지하는 것이 그의 의무인—을 선거를 통해 수립한다. 원칙적으로 모든 시민은 공직에 출마할 수 있고 공적 생활에 참여할 기회를 번갈아 가며 누린다. 마르실리우스의 결론은 '선출된 왕'이 '좀 더 자발적인 신민'을 통치하는 것이었으며, 또한 선거의 방법만이 '최선의 통치자'와 그 결과 적절한 정의의 기준을 확보할 수 있다는 것이었다. 끝으로 이런 정의의 '적절한 기준'을 유지하기 위해 '통치자'가 필요하지만 그는 대리인으로서 재직하는 것임을 마르실리우스는 강조했다 (데이비드 헬드, 84).

선출제 정부를 주장했던 마르실리우스는 인민주권도 강조했지만 모든 시민들이 동시에 통치해야 한다고 말하지는 않았다. 21세기에 이르러서 아직도 민주주의를 실현하지 못한 우리가, 14세기의 마르실리우스에게 민주주의자이기를 바라는 것은 지나친 욕심일지도 모른다. 그럼에도 마르실리우스는 '한 사람에 의한 통치'(왕정, 영주의 지배)나 '소수에 의한 통치'(귀족정)보다 '인민의 의사'가 훨씬 효과적으로 공공의 이익을 위한 정부를 보증한다고 강조했다(데이비드 헬드, 85). 하지만 군주제가 폐지된 이후에 마르실리우스의 공화주의적 구상은 결국 '소수에 의한 통치'로 전락했는데, 그것은 어쩔 수 없는 역사적 귀결이었다. 왜냐하면 공화주의 정부가 '소수의 엘리트로 구성된' 선출제 정부였기 때문이었다.

11세기 말 북부 이탈리아의 여러 공동체들은 그들 자신의 '집정관', 즉 황제와 교황의 법적 통제권에 맞서 자신들의 재판 업무를 관장할 '행정관'을 세웠고(데이비드 헬드, 71), 이런 역사적 흐름이 마르실리우스 공화주의의 기틀이 되었다. 황제와 교황의 권력에 맞서 인민의 대표로 선출된 집정관은 실제로 인민과 동일할 수밖에 없었다. 집정관에게는 자신이 가진 권력의 달콤함보다는 더 큰 권력(황제와 교황)으로부터의 위험이 목전에 닥쳐 있었기 때문이다. 이것은 마치 '박정희'라는 '절대군주'에 맞서다가 박해받았던 '김대중과 김영삼'이 그들을 '인민의 집정관'으로서 지지했던 시민들과 동질적이었던 것과 흡사하다. 그렇기 때문에 황제와 교황에 맞섰던 당시의 공화주의는 민주주의와 동질적일 수밖에 없었다. 그런데 군주가 사라지자, 그 집정관은 종전의 군주의 지위를 계승하여 인민을 통치하게 되었고, 그는 더 이상 인민과 동질적이지 않게 되었다. 결국 엘리트가 교체된 것이다(빌프레도 파레토).

＊　＊　＊　＊

이 책 원고의 교정을 마칠 즈음에 최재형 전 감사원장과 윤석열 전 검찰총장이 국민의힘에 입당했고, 더불어민주당과 국민의힘의 예비후보 캠프 모두, 결과를 예측할 수 없을 정도로 그 지지율이 수시로 변했다. 게다가 대통령선거 일정이 차츰 다가올수록 후보들의 네거티브 공세는 점점 심해지고, 유권자들의 피곤함도 그만큼 비례하게 되었다. 더구나 각 캠프의 흑색선전뿐 아니라, 그 지지자들끼리의 대립과 반목도 마찬가지로 점입가경이다. 후보들의 치부는 적나라하게 드러나는데 반해, 우리 사회의 미래에 관한 계획은 보이지 않는다. 각 후보들을 중심으로 국민들은 이미 분열되었고, 합리적인 토론과 합의는 불가능한 상황에 이르렀다. 이러한 분열과 대립은 계속 반복될 것이며, 통치구조가 바뀌지 않는 이상 결코 치유되지 않을 것이다. 그리고 이렇게 치유되지 않는 분열과 대립은 단지 우리만의 문제가 아니고, 미국, 프랑스, 영국도 마찬가지다. 지난 2021년 7월 24일 마크롱 정부가 백신여권 의무화를 시행하자, 그에 반대하는 시민들이 '자유'와 '마크롱 사퇴'를 외치며 시위를 했고, 파리 경찰은 최루탄과 물대포를 쏘았다. 정치적 반대를 수렴하고 해결할 절차와 제도가 없기 때문이다.

2012년 18대 대선의 투표율이 75.8%, 박근혜 후보가 얻은 득표율이 51.55%이므로 박근혜가 실제 얻은 득표율은 39.07%였다. 한편 2017년 19대 대선의 투표율이 77.2%, 문재인 후보가 얻은 득표율이 41.08%이므로 문재인이 실제 얻은 득표율은 31.71%였다. 전자는 양자대결이었고, 후자는 다자대결이었다는 차이가 있을 뿐이다. 그렇다면 32∽39%의 지지로 당선된 대통령이 자신을 지지하지 않는 나머지 60%의 유권자들을 과연 대표할 수 있을까? 어쩌다가 이렇게 지지자보다 반대하는 유권자들이 더 많은 상황에서 권력의 대표성이 인정될 수 있을까? 어떻게 하면 이러한 대립과 갈등 상황이 반복되는 것을 막을 수 있을까?

심지어 문재인 후보에게 투표한 31.71%의 시민이라고 하더라도 그의 모든 대선공약에 대해 동의한 것은 아니다. 왜냐하면 대의제 아래에서 시민들 상당수는 차선(次善) 혹은 차악(次惡)의 의도로 후보를 선택하기 때문이다. 또한 대선공약에 표현되지 않은 집권 후의 모든 정책을 승인한 것은 더욱 아니다. 따라서 문재인에 대한 실제 지지율은 그가 얻은 31.71%의 득표율보다 훨씬 적을 수밖에 없다. 다만 이것은 문재인뿐 아니라 모든 통치자들에게 적용되는 공통의 팩트다.

그렇다면 유권자들로부터 동의 받지 않은 정책의 집행은 어떤 근거로 정당성을 가지게 되는 걸까? 이에 대해 현재의 헌법은 통치자가 선거에 당선된 이후에 유권자들로부터 개별적으로 기속되지 않는다고 규정하고 있다(무기속위임 원칙; 대한민국헌법 제7조 제1항, 제45조, 제46조 제2항). 또한 행정권은 대통령을 수반으로 하는 정부에 속하고(제66조 제4항), 입법권은 국회에 속하고(제40조), 사법권은 법관으로 구성된 법원에 속한다(제101조)고 함으로써, 이미 국민들의 주권이 선험적으로 국가기관에 이양되어 있다. 따라서 선거에 의해 선출된 통치자는 국민들로부터의 개별적인 위임절차 없이도 그 권한을 행사할 수 있으므로, 결국 국민들의 주권은 통치자에게 이미 포괄적으로 위임되었다고 의제(擬制)된 것이다. 이것이 바로 대의제의 과대대표성(過大代表性) 문제이다. 통치자가 실제로 위임받은 것보다 더 많은 권한을 행사하는 것이 헌법적으로 정당화되고 있다. 이러한 대의제의 과대대표성 문제는 임기가 보장되고 권한이 가장 강한 대통령제에서 최고로 극대화된다.

한 가지 예를 든다면, 설령 어떤 유권자가 지구환경 보호와 인류 및 동물의 생명권이라는 관점에서 문재인 정부의 탈원전 정책을 지지한다고 하더라도, 경제성이 잔존한 원전을 조기에 폐쇄하는 조치까지 동의하지는 않았을 것이다. 게다가 정부가 경제성을 의도적으로 조작해서 조기폐쇄 조치를 내린 것이라면, 더욱 승인하지 않았을 것이다. 결국 월성원전 1호기 조기폐쇄 결정에 대한 감사원 조사와 검찰의 기소로 인하여, 탈원전 정책의 최소한의 정당성마저 훼손되었다. 이로써 최재형 전 감사원장과 윤석열 전 검찰총장은 자신들의 대선행보를 정당화 했고, 어처구니없게도 그들은 시대의 흐름에 역행하는 친원전 행보를 당연하다는 듯이 연출했다.

대의제만으로 구성된 현재의 통치체제에서, 권력 집행에 반대하는 시민들이 취할 수 있는 방법은 다음 선거에서 반대정당 후보를 선택하는 것 말고는 없다. 정부가 자신의 정책에 반대하는 시민들과 토론을 하고, 그러한 토론을 통해 새로운 대안을 창출해 내는 의사결정 과정이 결핍되어 있다. 결국 무기력한 반발과 극단적인 대립만이 반복되고, 이렇게 구축된 적대적 진영은 더 이상 토론과 합의를 불가능하게 하였다. 심지어 현재의 양당구조는 이러한 적대적 갈등을 부추겨 차기 집권의 동력으로 삼고 있다. 즉 정당이 갈등을 해결하는 도구가 아니라 오히려 분쟁의 중심에서 갈등과 대립을 증폭시키는 역할을 하고 있는 것이다.

우리의 정치현실이 이러함에도, 대한민국헌법 제1조는 다음과 같이 규정하고 있다.

> 대한민국헌법 제1조
> ① 대한민국은 민주공화국이다.
> ② 대한민국의 주권은 국민에게 있고, 모든 권력은 국민으로부터 나온다.

하지만 안타깝게도 대한민국은 민주공화국이 아니라 그냥 '공화국'으로, 단지 '군주국'이 아닐 뿐이다. 왜냐하면 국민이 선거권 외에는 어떤 방식으로도 통치자에게 제한을 가할 수 없기 때문이다. 또한 대한민국 국민들의 주권은 이미 헌법적으로 양도되어 있고(대한민국헌법 제

40조, 제66조 제4항, 제101조), 주기적으로 반복되는 선거기간 동안에 새로운 통치자에게 양도절차를 갱신하고 있을 뿐이기 때문이다.

따라서 국민들이 통치자의 정책에 반대할 권리, 그리고 새로운 정책을 제안할 권리를 '새로운 헌법'으로 가질 때에만이 비로소 대한민국은 '민주공화국'이 될 것이다. 이렇게 해야만 설령 수준 이하의 무능한 통치자가 뽑히더라도, 임기가 끝날 때까지 기다리지 않고서 통제할 수 있게 된다. 이것이 지금까지 대의제에 가려져 있었던 '진짜 민주주의'다.

참고문헌

[외국문헌]

Alain Badiou, 「L'emblème démocratique」(민주주의라는 상징) (「Démocratie, dans quel état?」 '민주주의는 죽었는가?', 난장(2010))

Alexis de Tocqueville, 「Euvres complètes」 Ⅲ-2, Paris: Gallimard(1985)

Andrew Heywood, 「Political Ideologies (An Introduction)」('사회사상과 정치이데올로기', 오름(2014))

Anna Freud, 「The Ego and the Mechanism of Defense」('자아와 방어기제', 열린책들(2015))

Branko Milanovic, 「Capitalism Alone」('홀로 선 자본주의', 세종서적(2020))

Bruno Kaufman, Rolf Büchi, Nadja Braun, 「The Iri Guidebook to Direct Democracy」('직접민주주의로의 초대', 리북(2008))

Carol Pateman, 「Participation and Democratic Theory」(1970)

Daniel Bensaïd), 「Le scandale permanent」(영원한 스캔들) (「Démocratie, dans quel état?」 '민주주의는 죽었는가?', 난장(2010))

Daron Acemoglu, James A. Robinson, 「Why Nations Fail」 ('국가는 왜 실패하는가', 시공사(2012))

David Held, 「Models of Democracy」 ('민주주의의 모델들', 후마니타스

(2010))

Edmund Burke, 「프랑스혁명에 관한 성찰」(한길사, 2017)

Hannah Arendt, 「공화국의 위기」(한길사, 2011)

「전체주의의 기원 1, 2」(한길사, 2006)

Jacques Ranciere, 「민주주의는 왜 증오의 대상인가」(인간사랑, 2011)

「정치적인 것의 가장자리에서」(길, 2013)

「민주주의에 맞서는 민주주의'들'」(「Démocratie, dans quel état?」 '민주주의는 죽었는가?', 난장(2010))

James Fenimore Cooper, 「The American Democrat」(미국의 민주주의자)

Jean Luc Nancy, 「Démocratie finie et infinie」(유한하고 무한한 민주주의) (「Démocratie, dans quel état?」 '민주주의는 죽었는가?', 난장(2010))

Jurgen Habermas, 「공론장의 구조변동」(나남출판, 2004)

Leslie Lamport, Robert Shostak, Marshall Pease, 「The Byzantine Generals'Problem」(1982)

Russell Kirk, 「The Conservative Mind」('보수의 정신', 지식노마드(2018))

Satoshi Nakamoto, 「Bitcoin : A Peer-to-Peer Electronic Cash System」(2008)

Sigmund Freud, 「Massenpychologie und Ich-Analyse」('집단심리학과 자아 분석', 이책(2015))

Simone Weil, 「Nore sur la suppression générale des partis politiques」(1940)

Slavoj zizek, 「De la démocratie àla violence divine」(민주주의에서 신의 폭력으로) (「Démocratie, dans quel état?」 '민주주의는 죽었는가?', 난장(2010))

Thomas Frank, 「Pity the Billionaire」('실패한 우파가 어떻게 승자가 되었나', 갈라파고스(2013))

Vilfredo Pareto, 「Un applicazione di teorie sociologiche」('파레토의 엘리트 순환론', 간디서원(2018))

Walter Lippmann, 「Le public fantôme」 Paris: Demopolis(2008)

Wendy Brown, 「Nous sommens tous démocrates àprésent」(오늘날 우리는 모두 민주주의자이다) (「Démocratie, dans quel état?」 '민주주의는 죽었는가?', 난장(2010))

Wilhelm Reich, 「Die Massenpychologie des Faschismus」('파시즘의 대중심리', 그린비(2006))

大藪龍介, 「맑스사전」(도서출판비, 2011)

宇野重規, 「보수주의란 무엇인가」(연암서가, 2018)

[국내문헌]

김광기, 「아메리칸 엔드 게임」(현암사, 2020)

김재선, 「21세기 전자정부와 전자투표제도」(오름, 2011)

김철수, 「헌법학개론」(제10전정신판) (박영사, 1998)

김현철, 「지배당한 민주주의」(르네상스, 2018)

박구용, 「문파, 새로운 주권자의 이상한 출현」(메디치미어, 2018)

오세현, 김종승, 「블록체인노믹스」(한국경제신문, 2017)

정만희, 「국회의원의 정당기속과 자유위임」헌법재판연구 제2권제1호 (2015)

최장집, 「민주화 이후의 민주주의」(후마니타스, 2010) 「어떤 민주주의인가」(후마니타스, 2013)